棄国ノススメ

棄国のココロガケ

一　「日本」との距離感をつかむ

いったん外国での生活をはじめると、「日本」は意外なほどに近い。そして、遠い。日本の情報はリアルタイムで手に入る。日本食も工夫次第。でも、物理的な距離は埋まらない。

二　イメージを疑う

美しい街がきれいな心をもっているとは限らない。一見つまらなそうな国がおもしろいかもしれない。第一印象は必ず変わる。イメージと現実には大きなズレがある。

三　言葉にとらわれない

現地の言葉はできればできたほうがいいが、まずはほどほどでも十分。それより、なにができるのか、なにを知っているかが大切。言葉はそのひとつ。日本での社会体験も活きる。

四　家族第一に

自分本位になりがちな海外生活。パートナー、子ども、恋人を思いやることで、自分を取り戻す。だれよりも早く、社会に順応する子どもは、いちばんのお手本。

五　日本人に気をつける

人は同邦にやさしく、きびしい。いちばんの友だちになるが、いちばんのライバルにもなる。ときに近親憎悪に似た気持ちにさいなまれる。適度な距離を保つには、どうすべきか。

六　常識を忘れる

日本の常識は世界の常識ではない。日本で学んだことが正しいとは限らない。なにが正しくて、なにが正しくないのか、しっかり観察し、考え、時間をかけて見極める。

七　人に頼らない

むやみに依存しない。日本人も現地の人も同じ。頼れるのは自分と家族だけ。大切なのは、なんでも自分でやろうとすること。はじめはわからなくても、そのうちわかってくる。

八　人は人であたりまえ

肌の色や目の色がちがう人たち。でも、人は人で、なにも変わらない。やさしい人。たくましい人。頭のいい人。繊細な人。ずるがしこい人。手癖の悪い人。自分もまたそのひとり。

九　為替を気にしない

一ドルは一ドル。一ユーロは一ユーロ。一円は一円。いちいち換算せずに生活する。為替には神経質にならない。国によってちがう価値観をきちんと理解する。安い高いは考えない。

一〇　核心に迫らない

ひとつの国に興味をもつと、その国について多くのことを知りたくなる。しかし、知れば知るほどいやになる。なにも知らないほうが幸せという矛盾とうまくつきあう。

棄国ノススメ●目次

棄国ノススメ

日本国憲法第二十二条

何人も、公共の福祉に反しない限り、居住、移転及び職業選択の自由を有する。何人も、外国に移住し、又は国籍を離脱する自由を侵されない。

第1章　行き詰まり

気楽なはじまり

ふと思い立ち、日本を離れることにした。ほんの軽い気持ちだった。これ以上、日本に住んでいることに耐えられなくなっていた。目の前にある問題をなにひとつ解決できないでいる社会も、日本人である自分もいやでたまらなかった。そして、ぶらり日帰り旅行に出かけるかのように、ぼくは家族を連れ、日本を離れた。二度と帰るつもりはなかった。二〇〇六年春のことである。このときぼくは四三歳で、妻は四六歳。もう若くはない、中年夫婦である。息子は中学二年生で、娘は小学六年生になろうとしていた。

妻に対して、ぼくはいつも突然だった。交際しているわけでもないのに、突然、結婚しようと言いだしたのが、ぼくら家族のそもそものはじまりである。そのとき彼女について知っているのは、顔と名前、それに地方出身であることくらいだった。交際したとしても、いやなところを見つけて嫌いになるだけだ。だからまずは結婚しよう。女性を口説くにはずいぶん無茶な論理だが、彼女はぼくの申し出をその場で受け入れた。すべてはうまくいくと二人は感じていた。

それからというもの、数限りないほど、彼女はぼくの突然に振り回されてきた。突然、お客さんを連れて帰り、食事の用意をさせる。突然、自動車を買ってくる。突然、旅行に出かける。ほんとうは突然ではなく、いつだってあらかじめしっかり考えてはいるのだが、どうしようかと思い悩んでいても、考えを説明したりしない。だから、ぼくが実際に行動をおこしてからはじめて知る彼女にしてみれば、なんでも突然になってしまうわけだ。

二人目の子どもが産まれるときは、妻が病院にいるあいだに、ぼくは勝手に家を探して引っ越した。人と人との関係が希薄で、隣に住んでいる人の顔も名前も知らない街ではなく、共同体のしっかりした街で子どもを育てたいとの思いからだった。神戸の街を大きな地震が襲って間もないときのことである。被災者に対する国のもどかしい対応に、いざというとき頼りになるのは、国でも町でもなく、近隣の人びとだと考えた。それはぼくが地震から学んだことだった。

妻はぼくの気持ちに理解を示しつつ、知らない街の知らない家に赤ん坊を連れて帰る不安からか、このときばかりはしばらくぼくの突然を勘弁して欲しいと、わざわざ手紙に書いてきた。それは彼女にもらったはじめての手紙だった。

彼女の希望にしたがったわけではないが、しばらくぼくの突然病は影を潜めた。その代わり、突然なにかするのはぼくではなく、子どもたちになった。子どもはほんとうにいつも突然だった。突然泣き出し、突然病気になり、突然迷子になる。そのたびにぼくも彼女も大わらわだった。

そんな幸せな日々が一〇年あまり過ぎたある日、ぼくは突然、日本を離れ、チェコのプラハに引っ越すと妻に告げた。子どものこともある。家のこともある。高齢となった親のこともある。さすがの彼女も今回ばかりは反対するだろうと思った。いくらなんでも冗談と受け止め、相手にしてくれないかもしれない。しかし、彼女は結婚するときと同じく、その場でうなずいた。まるでぼくが外国で暮らすと言い出すのを予期していたかのようだった。

外国に住むとはいっても、なにをしようとしているのか、これからどうなっていくのか、自分でもよくわかっていなかった。具体的な計画など、なにひとつない。すべてはほんとうに漠然としていた。とにかく日本から離れられればそれでよかった。それほど日本にいるのがいやだったのである。

日本を離れる理由を人から問われては言葉に窮した。外国に出て箔をつけるなどと口にして、言ったそばから気恥ずかしくなった。外国など珍しくもなんともないこの時代、少しぐらい外国で暮らしたからといって、なにがどうなるわけでもない。そうではなく、もっとちがう、なにか根源的なものを求めていた。これからを生きる子どもたちには、とくにそのなにかをつかんで欲しいと親として考えた。しかし、それがなにかはわからなかった。うまく人に伝えられないもどかしさがじれったかった。それがプラハで見つかるのかどうかもわからない。

ただ、もう日本にいても仕方がないとは思っていた。世界が根元から大きく変わっているはずなのに、古い仕組みにしがみついたまま、なにも変わらない社会にも、変わろうとしない人びとにも、変われないぼく自身にも、ほとほとうんざりしていた。

父の死がこれ以上、日本にいなくてもいいと考える、大きな契機となった。長患いの末の死だった。最後は身体の隅々まで癌にむしばまれ、医者に見放された。戦前に生まれ、高度成長時代に生きた父は、日本そのものとして子ども心に輝いて見えた。その日本もまた癌に食い尽くされている。呆然と立ち尽くしながら、はじめて自分は一人で歩かねばならないのだと自覚した。

一日も早く日本から逃げ出してしまいたかった。崩れゆくものから全速力で遠ざかりたかった。そうしないと、ぼくの力では家族を守れないかもしれない。とにかくいますぐ行動しなければ、この先たいへんなことになる。社会が変わらない以上、自分が変わるしかないのだ。焦る気持ちに背中を押された。

理由なんてとくになにもなかった。ただ生きたいと思っただけだった。生きなくてはいけないと思った。それが死んでもかまわないとの思いと隣り合わせになっていることにも気づいていた。

とはいえ、とりたてて悲壮な覚悟をしていたわけではない。むしろそれまで長い間、悩んできたものが吹っ切れ、開き直ってさえいた。それに結婚のときと同じく、なにもかもうまくいくと思っていたのである。

息苦しさのわけ

子どものころ、道はまっすぐつづいているものだと思っていた。階段はどこまでも上に登っていった。幼稚園から小学校に、小学校から中学校に、中学校から高校に、高校から大学に、すべては年を重ねるごと、当然のように繰り上がる。受験に失敗して立ち止まっても、がんばれば次の展開が必ずあると信じられた。

就職すれば、昇進して給料が上がる。転職して経験を積む。独立して起業する。結婚して、家庭を築く。子どもを育てる。よりよい自動車に乗り換える。失業したり、離婚したり、病気になったりしても、その気になりさえすれば、次もあるとの希望がもてた。

考えてみれば、子どものころに思い浮かべる大人になった自分の姿は、結婚して子どもができるまでだった。それから先はすべてがおぼろげで、最後に老いと死がぽかんと口をあけて待っている。実際、子どもができるまで、道はまっすぐつづいていた。そして、その先は真っ白で、真っ暗だった。手探りしながら、生きるしかなかった。

年をとるのは思っていたよりもむずかしいことだと知ったのは、三〇代も半ばのことである。しかもあっという間に年を重ねていた。それまで追いかけていた親や兄姉の背中が見えなくなり、後をついていけばよかった仕事の先輩たちの姿も見失った。

二人の子どもの父親となっていた。仕事はまずは順調で、小さいながらも会社を設立した。マイホームを手に入れた。一人前の大人になったつもりでいた。立派な社会人のはずだった。それなのに、考えれば考えるほど、なにもかもが空っぽだった。どこかで時間が止まったままになっていた。いつしかぼくは何者でもない自分という感覚を抱いていた。

周囲の期待に応え、時代に乗り遅れまいとしているうちに、余計なものまでたくさん身につけていた。いつも人の目を気にしていた。気にしなくてはいけないものだと思っていた。そうしたものを一つひとつ取り除いていくと、自分はほんとうに何者でもなかった。

なにか残るものがあるとすれば、顔と名前くらいのものである。それでは遺影となんら変わらないではないか。子どものころに想像していた通り、たしかに行き着いた先はひとつの死だったのかもしれない。存在している理由も意味も、どこかに置き忘れてしまった。そのとき、生まれてはじめて自分を客観的に見ていた。そして、〝彼〟はぼくではないとしか思えなかった。嘘の自分に気づいてしまったのである。このままではだめだと思い詰めながら、なにもできなくなっていた。この先どうするのか、なにがやりたいのかと改めてだれかに聞かれても、なにも答えられないでいる自分に愕然とした。

こんなふうに突き詰めて考えてしまうのは年齢によるものなのか、それとも時代のせいなのかはわからない。思えば、二〇〇〇年前後のことだった。あのころから日本の世相はずいぶん様変わりしていった。少なくともぼくにはそう感じられた。気のせいかもしれないほど、ほんの些細なことだった。変化はわずかで、微妙なものだったが、確実で、急激なものだった。

はじめは単に、ぼく個人を取り巻く小さな変化だと思った。しかし、もっと大きな変化に、いつしか飲み込まれていた。なにかが足元で崩れていく予感もあった。アナログの時代からデジタルの時代へと移り、人びとの生活は大きく変わった。それは紀元前と紀元後に分けてもおかしくないくらい劇的な変動になった。資本主義と社会主義が二分していた世界の均衡が崩れ、一〇年あまりが過ぎていた。それもまた、思っていたより大きかった。

これまでの世界が、別のなにかに移ろうとするなかで、社会は混乱し、人びとの心は不安定になっていた。世の中には暴力が溢れていた。ぼく自身、暴力的な衝動をときおり隠すことができなかった。心がすさみ、荒れていた。だからといって、なにがどうなっているのか、なにが起きているのか、さっぱりわからない。歪みが心の病や、常軌を逸した犯罪といったかたちで現れていた。

ぼくは学生のころからフリーランスという立場で、新聞や出版の仕事をしてきた。派手な印象もあるかもしれないが、実際にはとても地味な仕事で、職人に近いものがある。頭も使うが、体力を使う。会社を興してからは、出版のほかに広告や公共の仕事も織り交ぜ、景気の浮き沈みに左右されない工夫をしているつもりでいた。

仕事をめぐる環境は、派遣社員と呼ばれる人たちが周囲に増えたころから変わりはじめた。ぼく自身は派遣とは立場がちがうつもりで働いていたが、いつのまにか一緒の扱いを受けていた。「下請け」「出入り業者」と見下されることも増えた。力のある大きな会社に都合のよい仕組みが、いつの間にか、強まっていた。一緒に仕事をするという仲間感覚がなくなり、上から下へ、すべては一方的になった。

景気が悪くなって仕事が減り、単価が下がった。弱い立場にいることで、どんなに悪い条件でも、理不尽な要求でも、のむしかない。少しでも不平を言えば、仕事を切られる。売り上げを維持するには、仕事を増やすしかない。毎日のようにいろんな会社に出向いては、新しい仕事を受注しようとした。飛び込み営業もいとわなかった。なかなか思うようにはいかず、仕事というものがこの世からなくなってしまったのではないかと感じた。好きなことを仕事にしているはずなのに、ちっとも楽しめなかった。ただ苦しいだけだった。

なにか新しい仕事や暮らしのありようを見つけなければ、このままでは立ちゆかなくなる。しかし、焦ったところで、思い浮かぶのはありふれたことばかりだった。これまで培ってきた自信は見事なまでに崩れ去り、自分には生きる力がないのだと思い知らされた。ただ生かされていただけだったのである。周囲の人たちがとても優秀に見えた。若い世代をうらやんだ。才能に満ちあふれ、輝いている。まだ十分やれると思ったが、いつしか戦力外になっていた。それはぼくだけではない。周囲の同世代も軒並み追い詰められていた。

壊れたのは仕事をめぐる環境ばかりではなかった。住んでいる街も急速に壊れてしまった。野放図と思える再開発計画によって古い街並みは次々に消え、高層マンションが建ち並んだ。わずか数年のうちに、街はがらりと変わった。新しい計画が持ち上がるたびに説明会が開かれた。しかし、すべてはかたちばかりで、反対する余地も、話し合う余地もまったくない。すべては決定事項だった。力あるものが突然、隠していた牙をむきだしにしていた。

古き良き共同体に居心地のよさを感じ、借りていた家をやっとの思いで買い取ったばかりだった。長い住宅ローンを背負ったが、月々の支払いは家賃より安くなり、負担は減る。だから銀行に多額のお金を借りることに、疑問を感じなかった。

それは一生この地で暮らす覚悟を決めたことを意味していた。とりたてて不服はなかった。むしろ誇りに思えた。妻や子どもたちの希望でもあった。それほど街が気に入っていた。街に馴染んでもいた。その街がまたたく間に崩壊していった。狂っているとしか思えなかった。

こうした問題を少しでも指摘しようものなら、街のためになにかしているわけではないぼくには、なにも言う資格はないと言葉を遮られた。そんなぼくを「非国民」呼ばわりする人がいた。冗談のようでいて、本気でそう思われていた。会社に行かず、家で仕事をしていることから、あらぬ誤解を受けているらしい。言い返そうものなら、倍になって返ってくる。いますぐここから逃げ出したくてたまらなかった。そうしないと気が変になりそうだった。

なにもかもが息苦しくて、たまらなかった。それが社会のせいなのか、自分のせいなのかはよくわからない。たぶんその両方なのだろうが、社会のせいにしたところで、どうなるわけでもない。目の前にあると思い込んでいた社会には、実体などどこにもありはしなかった。なにやら空気のかたまりを相手にしているように、手ごたえがなかった。自分が何者でもないように、社会もまた何者でもないのだ。どうりで社会を変えようなどと意気込んだところで、どうにもならないわけである。

日本ではいま年間三万人以上の人びとが自殺している。理由やきっかけは人それぞれだろうが、それだけ多くの人たちが行き詰まり、生きるのを自らあきらめてしまっている。身近な友だちが幼い子どもを残して自殺したと知ったとき、死はいったいなにを解決したのだろうかと嘆いた。とはいえ、過酷な現実は、だれにとっても隣り合わせである。ぼくもまた自殺の衝動を何度も感じてきた。なにかを失敗したり、選択をまちがえ、一歩でも道を踏み外したら、たしかにいまの日本には自殺しか答えがないのかもしれない。ぼくは押しつぶされそうだった。

外国への思い

ぼくが外国というものを明確に意識した最初の記憶は、幼稚園に通う前、近所に住む外国人の家で開かれるクリスマス会に招かれたことだった。オーストラリアからきた家族で、子どもの名前はフィリップといった。一緒に撮った白黒写真がアルバムに残っている。大きな箱に入った外国製のおもちゃをプレゼントにもらった。なにもかもが珍しく感じられた。

次の記憶は、小学校一年生の運動会である。自分で描いた世界の国旗をもって踊る遊戯で、ぼくは中南米の国ガイアナを選んだ。デザインと色遣いが子ども心にかっこよく思えた。上々の出来映えだと感じたのを覚えている。

外国で働く父の友だちから送られてくる絵はがきも楽しみだった。アメリカやイギリスのほか、アラブの国などから届いた。絵はがきに貼られた切手や消印が、写真の風景をより現実味のあるものにした。外国のお菓子や缶詰のたくさんつまった小包が届いたこともある。なにを思ったのか、そのころ父が地球儀を買ってくれた。ちょうどアポロが月に着陸したときの話で、月儀がおまけについてきた。地球儀をくるくる回しながら、見果てぬ世界を子ども心に感じた。

高校生のころから、外国語や外国文学に興味を抱いた。だれもがもつ、外国へのたわいもないあこがれがあった。雑誌の海外特集をながめ、テレビで海外のドキュメンタリーを見た。そうした思いがつのり、大学ではフランス文学を学んだ。フランスの、ちょっと尖っていて、それでいて屈折しているところに、日本にはないものを感じた。一年生の夏休み、さっそくパリに滞在する機会に恵まれた。ぼくにとって、それがはじめて体験する外国になった。一九八〇年代はじめのことである。

当時、ヨーロッパ行きの格安航空券といえば南回りで、ぼくの乗ったエジプト航空はマニラ、バンコク、ムンバイ、カイロを経由してパリに着いた。着陸するたびに機内から出なくてはならず、まさに各駅停車の旅だった。入国するわけではないのだが、それでもいろいろな国の様子が垣間見られた。マニラの喧噪、バンコクの蒸し暑さ、インドの貧困、カイロで見たイスラム教徒の祈りなど、国による風土のちがいに、軽いめまいを覚えた。

ぼくは漠然とした希望をもって、パリの学生寮で暮らした。たしかにその望みは叶えられた。日本ではない、外国の街がそこにはあった。街中にフランス語があふれている。想像していた世界とはちがう現実に触れながら、街が宝箱に見えた。このまま日本に帰らず、ここに住んでいたいと考えた。しかし、そんなことは許されるはずがないと思い込もうとした。なぜそう思ったのかはよくわからない。もってうまれたしがらみが、ぼくを日本に引き戻した。

日本の大学の授業に出席すると、あまりに退屈な現実が待ち構えていた。日本で考えるフランスは、ただの絵空事にしか感じられなかった。教授の口にするフランス語はとてもおかしなものに聞こえた。どうせフランスのことを学ぶのなら、フランスの大学に入学し直したいと考えた。どうしたら入学できるのか、郵便で問い合わせてみた。半年近くして、忘れたころに返事が来た。簡単な学校案内と、入学試験の知らせだった。情報はわずかそれだけで、試験の内容も、どのような授業なのかも、具体的なことはほとんどなにもわからない。

パリにまで出向いて試験を受けたところで、入学できるとはとても思えなかった。結局、日本の大学に留まった。大学に意味を見出せず、ほとんど行かなくなった。一時は自動車工場で組立工として働いた。そうすることで、自分を試し、取り戻そうとした。労働はきつく、へとへとになりながら、こんなことも満足にできないのかと、自分が情けなく、悔しかった。そのまま働こうと思ったが、工場で仲よくなった人たちから、大学に戻り、卒業するように諭された。みんな大学には進まなかった人たちだった。

六年もかけて卒業し、中途半端な気持ちで小さな出版社に就職した。海外企画部という仰々しい部署に入り、毎月のように外国に出張することになった。インドをぐるり一周した翌月にはアメリカの国立公園に行くといった日々を繰り返した。こうした国や街のなかでも、プラハにはとくに惹かれた。美しい街だった。当時のチェコスロヴァキアは社会主義の国で、体制のちがいがもの珍しかった。だからといって人びとの生活に大きなちがいがあるわけではなく、そこがまた興味深かった。このとき知り合った人からプラハの出版社で働いてみないかと誘われ、心が動いた。しかし、革命で体制が崩壊し、白紙に戻すとの手紙が書留で届いて、それきりになった。

別の会社に転職しても、相変わらず外国に出かけた。チェコにも再訪した。そのとき、プラハを拠点に仕事をしてみたいとの考えがふたたび芽生えた。人びとを縛りつけていた共産体制が崩壊し、民主主義への希望を熱く語っていた。新しい国をつくろうとする力がみなぎっていた。ヨーロッパのほぼ中央にあるプラハは地理的にも便利に思えた。カフカのような不思議な物語を書く作家を生んだ、どこか陰鬱で、ねじ曲がったところも好みだった。

その気になれば実現できなくはない計画に思えたが、ちょうど子どもが生まれたばかりだったこともあり、具体的に動くことはなく、そんな思いもすぐ泡となって消えた。子育てに追われるなかで、いつしか外国への関心を失い、景気の悪化もあって、海外に出張する機会はほとんどなくなった。外国より日本国内への関心が高まっていたので、とりたてて不満はなかった。家族に囲まれているだけで満足していた。

三〇代も半ばを過ぎたころ、アメリカに住む人からニューヨークで仕事をしてみないかと誘われた。それを足がかりにして経験を積み、より大きな会社に移ればいいとの話だった。アメリカの出版社で仕事をする自分の姿を思い浮かべ、それもおもしろいかもしれないと感じた。独立してはじめた仕事が行き詰まり気味だったこともあり、ぜひと言いたいところだったが、二の足を踏んだ。二〇代の独り者ならいざ知らず、三〇代の家族持ちがいまさら冒険するなんて、思い切れない。

それからというもの、日本を離れ、家族と外国で暮らしたいと考えるようになった。どうしてそんなことを考えてしまうのか、自分でもよくわからなかった。なにかから逃げようとしているのか。それともなにかをつかもうとしているのか。その思いは長い時間をかけ、少しずつだが、確実に強まっていった。

行ったこともないチュニジアに住むのはどうだろうと考えたりもした。居ても立ってもいられなくなり、チュニジアを旅行した友だちを誘い、都心にあるチュニジア料理のレストランに出かけた。そして、旅の思い出をあれこれ聞いた。

チュニジアを思いついたのはフランス語圏だからだった。素直にフランスを考えればよさそうなものだが、学生のときの体験から、なんだかんだといって、昔ながらの階級社会が残るパリで子どもを育てるのは、経済的な余裕がない限り、とてもむずかしいのではないかと感じた。それにぼくの屈折した考え方から、パリよりもチュニスのほうがおもしろく思えた。

フランスの大学に行こうかと考えた学生のころとはちがい、インターネットを通じ、情報はいとも簡単に手に入る。どこか外国の街に住んでみようと思い浮かべては、その国の教育状況や生活環境を検索した。あれこれ考え、思い描いてみるのは楽しくもあり、鬱々した日々の気晴らしになった。

外国へのとりとめのない思いを、仕事の先輩に話してみた。このときはまだ外国で暮らすとはいっても、すべてはぼんやりとしていた。何度も通い詰めているお気に入りの国や街があるわけではない。とくに親しい外国の友だちがいるわけでもない。はっきりいって、外国ならどこでもよかったのである。だからますます漠然とした。とにかく日本から逃げ出したかった。別に外国で生活することにあこがれていたわけではない。ただ日本にいるよりも外国にいるときのほうが、気持ちが楽なのを知っているからだった。どうしてそう感じるのかはわからない。しかし、その気楽さは日本を離れて外国で暮らそうと考える呼び水になっていた。

「子育ての終わる五〇代で移住するのは体力的にきびしい。やるなら四〇代が最後のチャンス」というのが先輩の意見だった。なるほど、それも一理あると、背中を押される気がした。ぼくは四二歳になっていた。

そのとき、プラハに住んでみたいとかつて考えたのを思い出した。記憶の奥にうち沈み、すっかり忘れていたことだった。長い間、ああでもない、こうでもないと考えてきた思いは、こうしてプラハという地に結びつき、具体的に動きはじめた。

外国に住む手続き

これまでぼくの周囲には、ハワイで花の栽培をしたいという人や、ニュージーランドで牧畜をやりたいという人がいた。中国で馬賊になるといって会社を辞めた強者もいる。馬賊なんていまどきいるはずないと訝ったが、彼はただ自分の心情をそう喩えただけなのだろう。日本を離れるにはそれくらいの気概がなければむずかしいのかもしれない。そう思いながら、会社を去る上司の丸い背中を見送った。

いずれも脱サラや、定年後の第二の人生として、移住を考えていた。一〇年近くかけてじっくり壮大な計画を準備し、出発を待つばかりだった人もいる。しかし、滞在許可の問題が解決できずに短期で帰ってくるなど、移住を果たした人は、ぼくの知り合いには一人しかいなかった。

プラハに住むと心に決めたものの、実際、それからがたいへんだった。まず直面したのは、外国に住むには欠かせない長期滞在許可の取得と、仕事をどうするかである。仕事は個人の問題だが、滞在許可は国が絡むだけに厄介だ。しかも両者には密接な関係がある。問題はほかにも山ほどあり、どれかひとつでも解決しなければ実現できなくなる。準備をはじめる段階で、そのように感じた。

観光であれば、航空券を手配し、ホテルを予約すればそれですむ。ビザが必要な国もあるが、手続きをすれば、それほどむずかしいものではない。申請用紙に記入し、所定の料金を支払うだけである。しかし、住むとなると話はまったく変わってくる。よその国の人が勝手に住み着かないように、どの国でも外国人の居住にはさまざまな制限を設け、監視の目を光らせている。国内で引っ越しをするように、住民票を移すだけで生活できるわけではない。それなりに高い壁がそこにはある。外国暮らしを考えるなかで、この段階で多くの人が諦めることになるだろう。

どうしたらプラハに住めるのか、まずはインターネットで調べてみた。基本的な情報はすぐに見つかった。チェコ大使館のホームページには長期滞在許可の取得に関する概要が載っている。英語版を合わせて参照することで、日本語に訳されていないことで生じる情報の不足を補えた。実際に取得した人の体験記も見つけた。なんだかとても面倒でたいへんそうなのだが、とにかく必要とされる書類を揃えれば、滞在許可は取得できるはずだった。滞在の目的、住む場所があること、犯罪歴がないこと、十分な生活費があること、健康保険に入っていることなどを、なんらかの書類で一つひとつ証明していくのである。

しかし、ことはそう単純ではなかった。必要な書類がそれぞれ密接にかかわりながら、相反することが多々あるのだ。たとえば労働許可がなければ滞在許可の取得はできないが、滞在許可がなければ労働許可はおりない。滞在許可には銀行の残高証明が必要だが、口座を開くには滞在許可が必要になる。それらを公的な書類で証明するのもくせ者だった。こんなことばかりで、なんだか謎解きゲームをしているみたいなのである。

フリーランスの立場で仕事をしてきたぼくにとって、仕事をどのように証明するかがいちばんの鍵になっていた。取り引きのある会社に頼み、必要な書類を用意してもらおうとしたが、思うようにはいかなかった。社員でもないぼくの身元保証など、当然だれも負おうとはしない。

いくつもの謎を解決し、理解を深めていくため、とにかく思いつく限りの窓口に問い合わせた。個人を含めれば、その数は二〇〇をゆうに下らない。毎日何カ所か、新しいところに連絡するのを日課にしていた。たいていは返事もなく、黙殺された。頼りのはずのチェコ大使館にも無視された。忘れたころに返事が届いた。たらい回しにされ、冷たくあしらわれるのがほとんどだった。親切に答えてくれたときに限って、わからないとの回答だった。

以前、滞在したときに知り合った人にも手紙を送ってみた。どれも宛先不明で戻ってきた。長いこと連絡をしていないのだから仕方ない。ＳＮＳなんてない時代、人とのつながりを保つのはそう簡単ではなかった。旧知の知り合いをインターネット検索で見つけては連絡した。こうしたなかで再会を喜びながら、毎日やりとりをするようになる人もいて、ようやくプラハに少し近づけたと感じた。

滞在許可の取得を扱う弁護士事務所にも問い合わせた。手続きは一般人にはあまりに複雑で、弁護士でないとできないとの説明だった。おそるおそる料金を尋ねると、家族の分を合わせ、なんだかんだと一〇〇万円近くになりそうだ。びっくりするほど高額で、とても頼めそうにない。しかも弁護士に頼んだからといって、滞在許可が認められる保証はないのである。

移民を斡旋する業者もいた。滞在許可の取得から言語学習、住居探し、就職までをひとつのパッケージにしていた。ホームページの説明は、なんとも怪しげな匂いがする。日本に出稼ぎに来る外国人には、多額の借金を背負わされる人がいると聞いていたが、そんな状況を生々しく感じた。そこまでして自分の国から外に出ようとする人が世界にはたくさんいるのである。

いずれにしても、働きさえすれば滞在許可を取得できる可能性はある。就職するのでも、自分で会社を設立するのでもかまわない。仕事が滞在の目的になるのだ。年金生活を海外で送る人のための滞在許可や、投資家向けの滞在許可を用意している国もあるが、例外的な存在である。蓄えが十分にあるからといって、好きな国に移り住めるほど、世界はまだ自由ではない。しかし、働けば、気に入った街に住める可能性が出てくる。まるで国にとって国民の存在理由は働くことにあるかのようだ。働くことで、ひとりの納税者になるからだろう。滞在許可のことを調べながら、国と国民のほんとうの関係が見えてくる気がした。

ようやく目の前に道が開けたのは、諦めて弁護士に頼むしかないのかと思った矢先だった。藁をもすがる思いで問い合わせたところから、核心に触れる返答があったのである。滞在許可とはまったく関係のないチェコの役所だった。親切にも詳しく調べてくれたようで、ぼくの考えている方法では滞在許可がとれないのがようやくわかったのである。

返事をくれた人に、これまでのいきさつを訴えた。どうにもならない気持ちを率直に伝えた。するとチェコの状況にも問題があり、ぼくの気持ちもわかると、一人の法律家を紹介された。さっそく問い合わせると、どうしたらよいのか、三つの可能性を明確かつ具体的に示してきた。それぞれの長所と短所も記してあり、一目でよくわかった。できる限りの支援も約束してくれた。法律家は、外国で暮らすには理由づけのできないことがたくさんあると、意味深長な言葉でぼくをなぐさめた。

ようやくこれからなにをどのようにしていけばよいのか、一本の筋道がくっきり浮かび上がってきた。ここまでこぎ着けるのに、半年近くもの月日が流れていた。とはいえ、長い時間をかけた謎解きが無駄になったわけではない。用意すべき書類の内容やその意味をきちんと理解できたおかげで、なんとか自力で滞在許可を取得できる確信がもてたのである。このとき得た知識と経験はこの先、さまざまな手続きをしていくうえでの基礎となり、その後も外国人として外国で生きていくよりどころになった。

日本を離れる準備

プラハでの生活をはじめる準備と同時に、日本での生活を終える準備をした。両方が整ってはじめて日本を離れられる。想定した期限は一年。もしその間に目処がつかなければ、きっぱり諦める。そう決めていた。だらだら引き延ばしても仕方がない。実現するのは奇跡かもしれず、近所の神社にお参りしたりもした。土地の神様に土地を離れる頼みをするなんて、なんだかおかしな話ではある。

さしあたりいちばんの問題は持ち家の売却だった。だれかに貸す選択もあったが、あえて退路を断ちたい気持ちが強かった。日本に帰ることになったら、また一から出直せばいい。不動産業者に仲介を依頼し、注意深く反応を見守った。なにぶんはじめてなので、勝手がよくわからない。家が処分できたのに滞在許可が下りずに移り住めなければ、住処を失うことになる。タイミングが肝心だった。

身の回りのものはインターネットのオークションで少しずつ処分した。売れるものは売り、少しでもお金にして、資金の足しにしたかった。その数は一〇〇〇点以上になり、最後は冷蔵庫まで売った。お店屋さんごっこをしているみたいで、おもしろかった。売れないものは清掃局に持ち込んでは捨てた。何往復もする日がたびたびあった。

後生大事にしてきたものを捨て去るのは、なんとも痛快だった。自分を解体し、消し去っていく感覚である。子どものころから抱え込んできたさまざまな呪縛から、解き放たれていく心地よさがあった。次第にがらんとなっていく家を見て、もう後戻りはできないのだと思った。なにかが終わり、なにかがはじまろうとしている。しかし、なにがはじまるのか、自分でもまだわからなかった。爽快に、呆然としていた。

これから先、収入は確実に減る。それだけは目に見えていた。日本にいるときの三分の一になると予想していた。それも最大限うまくいった場合の話で、実際には四分の一か、もしかすると五分の一になるだろうと踏んでいた。もっと少なくなるかもしれない。とくに最初の一年はまったく稼げないだろう。

生活費を抑えるだけ抑え、少ない蓄えを切り崩していくつもりだった。手元に用意できたお金は合わせて五〇〇万円ほど。なんとかそれで生活するしかないのだが、滞在許可の取得手続きにはなにかとお金がかかった。返さなくてはいけない借金を清算し、家族全員の航空券を買い、引っ越しの準備をしていくうちに、お金はまたたくまに減り、いつしか半分になった。四人家族で二五〇万。それで一年はなにもしないで暮らさなくてはならない。

いったいプラハでの生活費がどれくらいかかるのか、どこまで切り詰められるのか、見当もつかなかった。物価を知ろうと、プラハ在住の知り合いに頼んでスーパーのちらしを送ってもらったが、ものの値段がわかったところでどうなるわけでもない。このままでは半年しかもたないだろう。それでも日本を離れるしかないと思っていた。長い休暇で終わってもかまわない。とにかく日本を外から見て、人生も家族も一度リセットしたかった。

こんなことではだめだと、プラハでの新しい仕事を探そうと動いてみた。それこそ足を棒にして歩いた。興味をもってくれる人はいた。だれかを紹介してくれる人もいた。これまでかかわったことのない分野の仕事をしている会社にも行ってみた。しかし、まだなにもはじまっていないなか、現実味のある話はできなかった。足元を見られている気恥ずかしさばかりが募った。オレオレ詐欺でもしている心地だった。日本の大地から足が離れつつ、その足がまだどこにも着いていない、宙ぶらりんで、ふわふわした気持ちがつづいた。そんなことで仕事が決まるはずがない。

仕事探しで人に会うなかで、「外国に住むなんて、逃げにすぎない」と何度も言われた。そう言われるたびにへこんだ。親身にぼくのことを考えてくれているのは、痛いほどよくわかった。実際、なにひとつ決まってはおらず、目の前のものからただ逃げているだけだった。でも、逃げでもいいのではないか。逃げの人生だってある。

準備をしながら、少なからぬ国の人たちがぼくと同じように、プラハをめざしてあがいているのに気がついた。アメリカやカナダ、南米、インドが多かった。ヨーロッパ諸国の人も少なくない。日本人もいた。世界中の人びとがプラハに可能性を見出しているのが手にとるようにわかった。インターネットのいたるところに、その痕跡を見つけた。

どうやらチェコは移民先として人気らしかった。これほどプラハが注目されているなんて、意外な感じがした。街全体ががらんとして、出歩く人の姿をあまり見かけない共産体制のときの状況を知るだけに、余計そう感じた。体制崩壊後、中欧の拠点として急速に経済発展を遂げたからなのだろう。世界中の人びとが生きようとしている姿が、インターネットの向こうに透けてきた。普通に日本で暮らしていては、知ることのない現実だった。

インターネットの掲示板では、これからプラハに住もうとしている人が相談し、すでに住んでいる人が答えていた。両者の差はとてつもなく大きく感じられた。一方は知らないことでも、一方はすでに知っている。一方にとっては夢の世界が、一方にとっては目の前にある現実そのものである。両者は決して交わることなく、どこまでいってもすれちがっていた。一方は期待を膨らませ、一方はありふれた現実に退屈している。夢と現実の差はとてつもなくでかかった。

村との出会い

不動産屋のホームページを検索しては、プラハの家探しを楽しんだ。滞在許可をめぐる鬱屈した状況とはちがい、家探しだけは新しい生活を確実に予感させた。脈略もなくあれこれ探しながら、心が浮き立った。

気になる家を見つけては、どのような土地なのか、グーグルマップの衛星写真で周辺の環境を確認した。遠い世界なのに、目の前に広がっているように思えた。中世を感じさせる古い街並みや、郊外の広い草原と深い森は日本にはない風景だった。高層マンションに囲まれた息苦しい街に住んでいる目には、にわかに信じられない。間取り、家賃、場所などを確認し、相場を知ろうとした。家賃は日本の地方都市といった感じで、都心に比べたら少し安い気がした。日本の家屋より部屋が広く、ゆったり生活できそうだ。

できたら街の中心部ではなく、少し郊外に住めたらいいと思っていた。日本でも郊外の古い商店街の中にある古い家に住んでいる。しかし、郊外と一口にいっても漠然としていて、どのあたりを探せばよいのか、見当がつかない。プラハは思っていたより大きな街で、それぞれの地域にきっと特徴があり、交通の便や街の雰囲気、治安などがちがうはずである。

プラハ在住の知り合いに、郊外に住むとしたらどのあたりがよいのか尋ねてみた。あまり知らないらしく、とんちんかんな返事がきた。そのうち一人のチェコ人が、まさにぼくの探しているような郊外に暮らしているのを知った。様子をあれこれ聞いているうちに、ぼんやりとしていた景色が、くっきり浮かんできた。

草原に囲まれた谷間に広がる小さな村だった。村とはいっても、プラハの中心部からバスで二〇分ほどなので、とくに不便はないだろう。暮らすにはちょうどいいかもしれない。こうして特定の場所が見えてくると、プラハに移り住む計画が自分のなかでにわかに現実味を帯びてきた。なにもかも棄てて、いますぐにでもここに住みたかった。空き家があるものか、知り合いに尋ねた。小さな村ということもあり、むずかしいらしい。

ほどなくして四人の家族が暮らすのに、ちょうどよい大きさの家が見つかったとの知らせが届いた。知り合いが大家と家賃の交渉をし、家の写真も送ってくれた。彼とは一度、会っただけの関係だったが、インターネットで再会して以来、夜ごとチャットをする間柄になっていた。ぼくはプラハの状況を尋ね、彼は日本のことを知りたがった。同世代で子どもの年齢が近く、仕事内容も似ているので、話題が共通していた。

家の目星がついてからも、もっとほかによいところはないか、相変わらず探していた。それはなによりの愉悦のひとときだった。空想する自由ほど楽しいものはない。しかし、ほかにどんなにいい家が見つかったとしても、だれも知らない街に住むより、知り合いの住むこの村にするのがいちばんだろう。右も左もわからないなか、なにかと頼りにできるはずだ。もしかしたら一緒に新しい仕事ができるかもしれない。二人は意気投合し、あれこれ計画を練って楽しんだ。夢と希望を感じた。

年末になって、春からはじめた準備も大詰めを迎え、プラハに出かけた。現地でなければできないことや、そのほうが手っとり早いことがいくつも出てきたのである。一三年ぶりの訪問だった。滞在する二週間のあいだ、予定は目一杯で、到着早々、動き回った。当然の成り行きから、知り合いのところに居候した。それはこれから住もうとしている村でもある。村のことばかり考えていたせいか、はじめて訪れる村を一目見て、懐かしい気持ちになった。思っていたとおり、静かでよいところだった。村の人たちはぼくを新しい住民として温かく歓迎してくれた。しかし、プラハの街の変貌ぶりには戸惑いを隠せなかった。同じ街とは信じられないほど、変わっていたのである。

借りようとしている家は、一九七〇年代に建てられた二軒長屋だった。典型的な社会主義住宅である。大家はアメリカに住むチェコ人女性だった。離婚して、家は彼女の持ち物になっていた。一〇年近く、だれも住んでいなかった。中を見せてもらうと、それを物語るかのように、ひとつの家族の生活が、ある日を境にぴたりと止まったままになっていた。滞在中、村の外れにある草原までよく歩いた。見渡す限りの草原だった。道はぬかるみ、靴が泥で汚れた。歩きながら、これからの人生、ぬかるみでもいいのではないかとすがすがしく思った。

家の契約は弁護士事務所でおこなった。滞在許可はまだ不透明で、ほんとうにプラハに住めるかどうか、まだはっきりしていないこの段階で、家の契約をするのはためらわれた。しかし、滞在許可の申請をするにも、なにをするにも、とにかくまず住所を定めなくては、前に進めないのである。契約書に署名したとき、これがはじめの一歩なのだと感じた。

申請に必要な書類も集めて回った。家族四人分なので、かなりの種類と量になる。日本大使館のほか、外務省、県庁、裁判所、警察など、チェコのいろいろな役所に出向かなくてはならなかった。やっとの思いでたどりついても、どの窓口にいけばよいのかわからず、何度も迷った。何時間も待たされることもあった。分厚い申請用紙を見て投げ出したくなった。言葉がわからないものだから、なにをすればよいのか、わからないことだらけだった。何度か村の知り合いが手を貸してくれたし、窓口の人たちもずいぶん親切に教えてくれた。移り住むのを歓迎されている気がしてならなかった。懸案だった滞在許可の申請に必要な、滞在目的を証す書類も解決できた。さんざん悩まされたが、実際にやってみると、あっけないほど簡単だった。

二人の子どもを抱えての移民になるので、学校はなににもまして優先すべきことだった。学校に対する疑問が、日本を離れるいちばん大きな原動力になっていた。問題が仕事のことだけだったり、家庭のことだけだったりしたら、外国に住もうとの思いはぼんやりしたままで終わっていただろう。それらが複雑に絡み合い、衝動が沸点に達した。

なによりもぼくが子どものころに感じた学校への疑問や不満を、子どもたちも同じく感じているのがたまらなくいやだった。学校は日本の社会そのものである。問題をなにひとつ解決できないまま、そのまわりをただぐるぐる回りつづけている。ぼくが子どものころにしつこく学校で学んだ民主主義という言葉を、息子も娘も「習っていないので、それがなにか知らない」と言ったとき、学校で学ぶとはいったいなんなのだろうと思った。二人の子どもはゆとり教育の混乱のさなかにいた。

それにしては、チェコの学校や教育の状況がいったいどうなっているのか、よくわかってはいなかった。制度自体も未知である。なにもわからないまま、子どもたちの学校選びをはじめた。ずいぶんいい加減だが、細かく調べたところでわかるとも思えない。とにかく現地校でチェコの子どもたちに混じって勉強ができれば、まずはそれでよかった。日本を離れ、言葉がわからない教室に身を置くだけで、子どもたちに大きな変化が生まれると予感できた。日本の教育も断ち切れる。たとえ学校の勉強についていけなくとも、遊んでいるだけで外国語を習得していくはずだ。それは今後、子どもたちの生きる力になっていくだろう。外国の地に暮らすことで、なにかもっと大切なことを学ぶかもしれない。

現地校に通わせるとはどういうことなのか。最初に問い合わせたのはプラハにある日本人学校だった。日本人学校があるからには、日本人はそこで学ばなくてはいけない決まりでもあるのかと思ったのである。親切な返信が学校からあった。日本人学校に入れるのは義務ではないとの答えだった。現地校に通わせている日本人がプラハにはほかに何人かいるのを、やりとりを通じて知った。

村には幼稚園があるだけで、就学年齢の子どもたちは隣町の学校に通っている。プラハから村に通じるバス通りの途中にその学校はあり、ここに通うことになるのかと、バスの窓から眺めていた。歩いて行くのは無理そうだが、自転車で十分通える距離である。知り合いの子どももてっきりそこに通っているのだと思い、何気なく尋ねた。するとシュタイナー学校という別の学校で学んでいるのだという。それがこの学校との出会いになった。

名前は知ってはいるものの、どんな学校なのかは知らなかった。興味をもって体験記などを読んでも、いまひとつぴんとこない。ただ自由な雰囲気の学校で、ぼくらの子どもにはうってつけに思えた。独自の授業をおこなうシュタイナー学校の多くは私立学校なのだが、プラハの場合は公立校だった。それなら学費の心配をすることはなさそうだ。

手続きに追われるなか、学校を見学した。最初、一人で地下鉄を乗り継いで行き、外から学校の様子を覗いた。こぢんまりとしていて、日本の学校を見慣れているせいもあり、これがほんとうに校舎なのだろうかと思った。別の日には学校で開かれるクリスマスの行事に参加した。教師と親と生徒がうまくつながっている印象があった。三者が一体となり、学校という場をつくりだしている。教師が一方的に優位に立って子どもを支配し、学校関係者以外を排除しようとする日本の学校とは、正反対といっていいほど、大きなちがいを感じた。

こんな学校で学べたらいいと、いっぺんに気に入った。日本の学校にはないものがたくさんあった。この滞在中に入学手続きまですませられたらよかったのだが、ちょうどクリスマス休暇だったこともあり、見学だけで終わった。それに、入学するかどうかは子どもたちが自分で決めるべきだから、学校の様子を自分の目で見て、授業も体験してほしかった。

日本に戻ってほどなく、村で家に泊めてくれた知り合いが今度は日本に来た。それは彼のたっての希望だった。これからのためにもぜひ日本をしっかり知ってもらおうと、毎日どこかを案内して回った。兄のような親しみを感じていた。

どこかへの旅だち

ぼくは、自分が日本人であることを疑ったのは、これまで一度もなかった。父と母は日本人で、兄弟も日本人だ。外国人の彼女ともつきあったが、日本人と結婚し、二人の日本人の子どもに恵まれた。髪の毛は黒く、肌は黄色い。瞳は黒茶色。ずんぐりむっくりした体型で、足は短い。どこから見ても典型的な日本人である。

ぼくは祖父母のことまでは少しは知っているが、それ以前の祖先がどこでどんな人生を歩んでいたのか、なにも知らない。名前さえわからない。戦争がなにもかも分断していた。それでもきっとぼくとどこか似たところのある人だったのだろう。日本のどこかで日本人として生まれ、子孫を残しながら死に、つかのま、ぼくがいまこの世にいるわけだ。

ぼくは日本という国が好きだった。日本人であるのを誇りに感じることもあった。なかでも日本の風土には愛すべきものがある。しかし、一九九五年一月の阪神・淡路大震災を境に、この国はなにかおかしいと考えるようになった。それから日本を疑いはじめた。国というのは実は頼りにならないのではないか。国はなんのためにあるのだろう。これまで国だと思っていたものは、ただの幻にすぎないのではないか。ぼくらの父母の世代だと、疑うきっかけが終戦だったにちがいない。教科書を黒く塗りつぶすときのなんともいえない気持ちを、父も母も何度とはなく口にしていた。

地震からほどなくして、テレビを見るのをやめた。直接のきっかけは、ただ子どもが食事中、テレビに熱中しているのがいやになっただけだった。ぼく自身、典型的なテレビっ子で、テレビのない生活なんて思いもつかなかったのだが、急に見るのがばからしくなった。それはあの震災がぼくにもたらした最初の大きな変化になった。地震につづいて起きた地下鉄サリン事件をはじめ、連日のように起きる陰惨な事件を伝える新聞記事を読みながら、気分がうち沈むことが多かった。もしかするとそんなこと、知らなくてもよいのではないかと考えた。それで新聞の購読もやめた。メディアの仕事をしてきながら、なんだかおかしな話ではあるのだが、どこかで自分の仕事を疑いはじめていた。

テレビを見ず、新聞も読まない日が一年、二年と過ぎていくうちに、世の中の動きがほんとうになにもわからなくなった。しかし、知らなくても、困ることはなにひとつなかった。あるとすれば、なにかと便利な古新聞がないことくらいである。わからないことも、知らないことも、まったく苦にはならなかった。逆に世間が気にならなくなり、気持ちが楽になった。ぼく自身が実際に見たり経験したものだけが、いつしかぼくの知っている世界のすべてになっていた。それでも十分に広かった。

こうした日々を過ごしているうちに、日本に住む日本人であるという感覚が、ぼくの内側から少しずつ抜け落ちていた。日本へのこだわりもなくなった。そんなものはどうでもよくなったのである。日本が外国のように感じられた。メディアや学校には、ひとりのただの人間を「日本人」にする働きがあるとでもいうのだろうか。

日本を離れ、外国に住んでみようという漠たる思いは、こうして芽生えていった。はじめのうち、それがなんなのか、自分でもわからなかった。田舎暮らしもいいかもしれないとぼんやり考えたこともある。海辺がいい、山里がいいと空想しながら物件を探した。東京に生まれ育ったぼくには、田舎に対するほのかなあこがれがあった。しかし、地方出身の妻は声を大にして反対した。田舎の息苦しさは都会の比ではないと彼女は感じていた。

知らない地方の街に移り住むのも、外国に移り住むのもぼくには同じようなものだった。地方の人にしてみれば都心に出るのも、外国に行くのも同じなのだろう。外国への衝動は、突然思いついたわけではなく、二〇年あまりの時をかけ、こうしてゆっくり焦点が定まっていった。とにかく日本や日本人であるという、自分のいちばん根っこにあると信じ込んでいたものを、すべて疑い、根こそぎ取っ払ってしまいたかった。そうでもしない限り、袋小路のなかで行き詰まり、どこに向かったらよいのかわからないまま、もがきつづけるしかない気がした。日本に居場所を見出せなくなっていたのである。

日本最後の日々は、ずいぶん慌ただしく過ぎていった。やるべきことはたくさんあった。引っ越しの荷物はできるだけ最小限に絞った。それでも三〇キロの船便小包が合わせて一九箱になった。家族四人で五七〇キロ。それが多いのか少ないのかはわからない。あとから考えると、一度も使わないものや、なんでこんなものを送ったのだろうと笑ってしまうものがたくさんあった。要らないだろうと棄ててしまい、あとから買い直したものも少なくない。

頭を悩ませてきた長期滞在許可は、必要な書類を提出することで、あっけなく取得できた。手にしてみれば、なんてことはない、ただの一枚のシールだった。それがパスポートに貼ってあるだけである。こんなもののために一年もかかったのかと、なんだか自虐的な気分にさせられた。滞在許可を取得できたところで、それがゴールなわけでも、この先の成功を約束されたわけでもない。ただ入口に立てたにすぎないのである。

ぼくは妻と二人の子ども、それにペットの犬とうさぎを連れ、日本を離れた。飛行機がノアの方舟に思えた。空の上から日本の大地が海に沈んでいく幻を、ぼくはたしかに見ていた。もう二度と帰ることはないと考え、ほくそ笑んでいた。いままさに日本を棄て、日本人をやめようとしているのだ。大胆不敵な計画にぼくは満足していた。なんとかしなくてはいけないとの思いと、どうなるかわからないことへの不安が入り交じった。ただそこには未来へのかすかな望みがあった。なんとか前を向こうとしていた。

ここではない、どこか別の場所へ、こうしてぼくらは旅だった。

村祭りの帰り道
Praha-západ, Czech Republic

山で出会った酔っ払い
Bratislava, Slovakia

豊かな街の子どもたち
Basel, Switzerland

児童労働から救われた子どもたち
New Delhi, India

NE

第2章　新世界のとば口で

毎日が春休み

ヨーロッパで暮らしはじめるなら、次第に暖かくなっていく春のほうが、日増しに陽が短くなって寒くなる秋よりも長続きする。だれからともなくそんなふうに聞いていた。ヨーロッパの冬はどんよりした雲がたれこめ、気が滅入りがちだからだ。

子どもの進級に合わせただけだが、ぼくら家族がプラハでの生活をはじめたのも春である。たしかに春からスタートできたのは幸せなことだった。木々の緑が鮮やかに輝き、一面、草木が花を咲かせる野に、暖かな風が吹き抜けた。日に日に緑は勢いを増し、風は暖かくなり、花が咲き競った。そんななかでほんわかとした希望を感じていた。

窓の外では鳥がとてもよい声で鳴いている。毎朝、その声に起こされた。鳴いているのがどの鳥か、はじめはよくわからなかった。観察しているうちに、黒くてくちばしの黄色い、日本では見たことのない鳥が鳴き声の主だとわかった。愛嬌があり、手招きすると近くに寄ってくる。名前を知らないので、単に「黒」と呼んでいた。それがビートルズの歌ったブラックバード（クロウタドリ）だと知るのは、だいぶ後になってからのことである。

毎日が長い春休みのようだった。予定も計画もまったくなにもない。携帯電話に煩わされることも、電子メールに振り回されることもなくなった。えもいわれぬ解放感だった。ちょっとした人生の中休みのつもりでいた。朝起きたら子どもと犬を連れ、隣町までつづく森の小道をみんなで歩いた。歩きながら、息子と何年かぶりに話をした。息子が心を閉ざし、ぼくもそんな息子に心を閉ざし、二人のあいだに会話が途絶えてから、もうだいぶ年月が経っていた。犬もゆっくり散歩ができて、とてもうれしそうだ。

ぼくらが暮らしはじめたのは、森と草原に囲まれた丘陵の谷間に広がる、人口五〇〇人の小さな村だった。家の前を流れる小川はそのまま森の小道へとつづいた。透き通った水が流れていた。なぜか魚の影はなかった。隣家の先には森が広がっていた。向かいの家とは小川を隔て、三〇〇メートルくらい離れている。人の目はまったく感じなかった。近くに大きな池が二つあり、よく散歩した。池には大きな鯉がいて、釣り人が集まった。白い影が見えるのでなにかと思ったら、だれかが裸で泳いでいるなんてこともあった。そんな村でののどかな生活は、たしかに思い描いた通りのものだった。

到着の日、村長がプラハの空港まで迎えに来てくれた。慣れない家族を少しでも安心させるため、迎えを頼んでおいたのである。村長はいやな顔ひとつせず、笑顔を振りまいた。コミカルな劇団の役者でもある彼にしてみれば、人を笑わせるのはお手のものだった。家までの道中、家族一人ひとりにいろいろと話しかけてきた。言葉もわからないまま、プラハでの生活をはじめる日本人家族の行く末を心配しているのだろう。

村長の気持ちは痛いほどわかったが、チェコのおいしいビールを好きなだけ飲むために移り住んだなどと冗談を言っては、軽く受け流した。そんなぼくの態度に村長は不満気な表情を見せ、口をつぐんだ。あれこれ聞くべきではないと察したらしい。この先、どうなっていくのか、自分でもわからなかった。日本を離れることに、すべての力を使い果たし、先のことを考える余裕などなかったのである。

本音をいえば、日本からやっとの思いで逃げてきたとの感覚がぼくにはあった。だから移民という言葉より、亡命という言葉のほうがしっくりきた。この村に家族だけの「国」をつくるのだと密かに自負していた。日本の隅々にまで広まったゆるやかな、しかしはっきりとした右傾化から、ぼくは逃げてきたのだ。ありとあらゆるものが体制の側に吸い寄せられていくなかで、そこにいない人間や、そこにいられない人間には住みづらい社会になっていた。

とはいえ、そんなこと、滅多なことでは口にできるものではない。「命を亡くす」と書いて亡命。この場合の「命」は戸籍のことだが、それでも重たい言葉であるのに変わりはない。日本を離れるとき、つとめて軽い気持ちでいようとしたものの、つきつめれば死を覚悟していた。しかし、ほんとうの気持ちを村長に伝えたところで、理解してもらえるはずがない。日本のような豊かな国から、貧しいチェコに移り住んだ理由を、村長は考えあぐねているのである。日本の現状をいくら説明したところで、冗談としか受け取ってもらえなかった。みんながみんな、日本はすばらしい国だと想像していた。そう言われても、なにがすばらしいのかわからなかった。冗談ではすまされない過酷な現実が日本にはある。

この村に一生、暮らすつもりでいた。だれかに聞かれるたび、死ぬまでここに住むと答えた。それだけはまったく迷いがなく、素直な言葉として口に出た。いつのまにかそれが当然だと感じるようになっていた。どのみち日本に帰る場所はもうどこにもない。肩に力の入った切羽詰まった思いと、すべてのものから解き放たれた気軽さが、ぼくの内側で水と油のように分かれつつ共存していた。

村はずれから広がる草原につづく小道を歩いていると、着陸間近の飛行機が車輪を出すのをときどき見かけた。そのたびに、あの飛行機に乗ってプラハにやってきたのだと、懐かしくてたまらなくなった。そして、プラハの地にはじめて降り立ったときの、不安と期待の入り交じった初々しい気持ちを思い返していた。それは二度と取り返すことのできない、とても純なものだった。

家族それぞれに

村の人たちはみんな、それはもうほんとうによくしてくれた。道で擦れちがえば笑顔で挨拶を交わした。ぼくらでもわかる簡単な言葉で、「こんにちは」「元気ですか」と言うだけだが、それでも村に迎えられている気がして、うれしかった。

ホスポダと呼ばれる居酒屋兼公民館のようなところにぶらり顔を出せば、「ここだ、ここだ」と手招きし、いつもだれかが仲間に加えてくれた。ビールを飲み交わしながら、英語での会話が弾んだ。心地よく酔いながら、すぐに打ち解け、仲良くなった。名前を短くして、みんなはぼくを「ユキ」と呼んだ。女の子の名前みたいだが、それがいちばん言いやすそうだった。

居酒屋の隣にはちょっとしたグランドがあり、週末に集まってはバレーボールやミニサッカーを楽しんだ。ぼくはペタンクのグループに誘われた。フランス生まれの球技である。いつもベレー帽を被るフランスかぶれの男が中心になっていた。村の共同体に少しでもなじもうと、子どもたちを連れ、積極的に加わった。

チェコ語はまったくわからなかった。これではいけないと、語学学校に通った。参加したのはいちばん初級のクラスで、授業は挨拶の仕方からはじまった。同じ教室で学ぶドイツ人とメキシコ人の男性と仲良くなり、放課後、よくつるんで遊んだ。学生時代に戻ったような楽しいひとときだった。同じ出発点に立つ者だけが共有できる親近感が、三人のあいだには育まれていた。

村の人たちもなんとか言葉を理解させたいと、身振り手振りで話してくれた。通じたと思うまで、同じ言葉を繰り返した。語学学校の先生より、よほどわかりやすかった。しかし、わかったつもりにはなれても、なかなかわかるものではない。四〇代の頭はすでに固く、単語をなにかひとつ覚えるたびに、その前にやっと覚えた単語をひとつ忘れた。その繰り返しだった。差し引きゼロである。吸い込むように覚えられた学生のときとはなにがちがうのか、考えあぐねた。

その点、子どもたちは言葉を覚えるのが早かった。村の子どもたちは日本人の子どもに興味津々で、みんなあたりまえにチェコ語で話しかけてくる。言っていることがまったく理解できていないはずなのに、二人はまるでわかっているみたいな反応をした。そして、いつのまにかチェコ語を口にしている。驚いてなにを言ったのかと聞くと、わからないと笑った。

娘は言葉が通じないのをあまり気にせず、苦にもしていなかった。しかし、息子はなんとかしなければいけないと焦っていた。このとき娘は小学校六年生、息子は中学校二年生。二歳という年の差のためか、男女の差か、それとも個性なのか。言葉に対する二人の反応には大きなちがいがあった。なまじ一年、日本の中学校で英語という外国語に触れたのがよくなかったのかもしれない。なんでも日本語にして理解しようとしたのである。

苦境を乗り切ろうと、息子は得意の野球を通じて接近した。村の子どもは最初、はじめて触れる野球に関心を示した。さっそくどうやってプレイするか、息子は手ほどきした。ものの三〇分もしないうちにみんな飽きてしまい、サッカーをはじめた。息子はもっとつづけたいと誘うのだが、言葉ができないのにしつこくするものだから、そっぽを向かれてしまう。村で遊んでいる子どもは、息子より年下で、友だちにはほど遠い関係しか築けずにいた。

こうした状況も、学校に通いはじめてがらりと変わった。交渉の末、シュタイナー学校への入学がなんとか認められたのである。子どもたちも気に入った様子で、ほかの学校を見学に行くことはなかった。子どもたちにしてみれば、とにかく学校に行けさえすればそれでよかったのだろう。学校という居場所を見つけた二人は、生き生きと羽をはばたかせはじめた。最初のころこそ放課後まっすぐ家に帰って来たが、そのうち友だちと遊んで帰りが遅くなる日が増えた。一日でも早く学校に溶け込んで欲しかったので、遅くなるのはよいことに思えた。

息子は反発と戸惑いからか、つっぱりながらも、ほかの生徒との意思疎通を図ろうと、彼なりに工夫していた。辞書を持ち歩くのはそのひとつだった。意味を一つひとつ確認して学ぼうとしたので、辞書はあっという間に手垢で汚れた。娘は友だちとじゃれ合いながら、耳で覚えた。辞書は彼女にも渡したが、大人が使うのを前提につくられているため、使いたくてもうまく使いこなせなかった。まだ読めない漢字もたくさんある。

そうこうしているうちに、二人は思ったよりも早く、言葉を上手に話しはじめた。語学学校でよたよた勉強しているぼくはあっという間に追い越された。チェコの子どもたちに囲まれて学ぶ生きた言葉に比べたら、外国人同士で会話する語学学校の言葉は死んでいるも同然だった。それなのに、シュタイナー学校の先生は、子どもたちの言葉の理解が足らないと何度も注意してきた。二人ともいい感じに話しているので、なにが問題なのか、先生は合点がいかない様子で、頭を抱えていた。話し合いを重ねていくうち、言葉ができないのではなく、授業の内容をきちんと理解していないのだとわかってきた。理解することと、言葉を覚えることはその意味が根本的にちがっていたのである。授業内容がむずかしくなるにしたがい、それは顕著になった。そのちがいがわかるまで、ずいぶん時間がかかった。

ぼくは仕事、子どもたちは学校を通じ、社会との接点が否応なしに生まれた。しかし、家にいる妻は孤立してしまうのではないかと心配していた。引きこもりになるかもしれない。村の人の誘いにも滅多に乗らなかった。チェコに住む日本人のなかには、チェコ語も英語もできない妻が移り住むのは、いくらなんでも無謀だと鼻で笑う人もいた。

しかし、そんなことはまったくの杞憂だった。いちはやく溶け込んだのは妻だったのかもしれない。村の人にお寿司のつくり方を教えたり、学校で折り紙教室を開いたりしたが、言葉ができなくても問題はなかった。教えるための知識と能力があれば、言葉は二の次だった。

それに持ち前の明るさで、彼女は会う人ごとに挨拶を交わした。相手が返事をしようがしまいが、おかまいなしだった。そのうち近所の気むずかしいおじさんさえ心を開き、妻にだけは笑顔で手を振った。彼女は彼女なりに自分の世界を築いていたのである。

こうしてぼくら家族はそれぞれのやり方で、新しい世界になじもうとしていた。そこには家族一人ひとりの個性が色濃くにじみ出ていた。それぞれが本能のおもむくまま、自分のやり方を手探りしていた。正解などどこにもない。それでいいはずだった。しかし、ぼくも妻も子どもに対しては、ついきつく叱ってしまった。こうしてはだめだとか、ああしたほうがいいと口うるさく注意したのである。せっかく日本を離れたというのに、日本の価値観をいつまでも引きずり、子どもたちに押しつけている。そのことになんともいえないものを感じ、自分がたまらなくいやになった。

仕組みがわからない

外国人としてプラハで暮らすための手続きは山ほどあった。来る日も来る日もどこかに出かけては、手続きをした。一日ひとつできればいいほうで、へたすると一週間も二週間もかかった。ちょっとしたことのはずなのに、何度も出直した。なんて切りがないのだろうと涙が出た。

このころ、家探しを手伝ってくれた村の知り合いは仕事で国外にいたので頼れず、彼の奥さんがときどき手を貸してくれたほかは、自分でなんとかするしかなかった。それでもどうにもならなくて、村長をはじめ多くの人に助けを求めた。言葉もさることながら、仕組みがわからないのが大きかった。どうすればよいのか、推測がつかないのである。役所は月・水・金の週三日しか開いておらず、また窓口の開いている時間は曜日によってちがった。せっかく行ったのに休みという日がよくあった。一事が万事、一筋縄にはいかないのである。

あたりまえのことがわからない。そんなことの連続だった。あたりまえすぎて、だれかに聞いてもはっきりしない。ゴミの捨て方ひとつに苦労した。どこにゴミを出すのか。収集日はいつなのか。分別はどうするのか。なにか手引きでもあればよいのだが、村役場に聞いてもとくに用意していなかった。ゴミ捨て場にはなんの案内もない。村の人にとってはあたりまえのことだからである。仕方なく、これはどうするのか、あれはどうするのかと尋ねては、ひとつ、またひとつと理解し、納得していった。

ゴミの収集は有料だった。村役場で契約すると専用のシールを渡される。それをゴミ箱に貼ることで、収集してもらえる。生ゴミも空き缶も一緒に入れてかまわない。リサイクルのために分別収集するのは古紙とプラスチック、ガラスで、古紙は青い袋、プラスチックは黄色い袋に入れる。この袋も村役場で購入した。リサイクルのほうは袋代が収集料になる。ガラスは役場の近くに捨てる場所があった。透明のガラスと色つきのガラスは分別する。何カ月かに一度、粗大ゴミの日があり、役場前の空き地にもちよった。

電気料金の仕組みにはひどく戸惑った。日本では引っ越したら新居のブレーカーを入れ、使用申込をすればそれですむ。しかし、チェコでは電力会社の窓口に行って契約し、電気料金を申告しなくてはならなかった。料金を申告するなんておかしな話で、いくらにするかと尋ねられたときは耳を疑った。言っていることはわかっても、意味がわからないのである。金額はいくらでもいい。一万円なら一万円、毎月の電気料金をあらかじめ決め、それを支払えという。どれだけ電気を使うかまだわからないのに、どうして金額が決められるのか、ますます合点がいかない。結局、窓口の人にうながされるまま、毎月一万円ずつ払う契約にした。

仕組みをきちんと理解したのは、一年あまり経ってからのことだった。電力会社の人が年に一回、検針に来て電気の使用量を確認し、精算するのである。不足があれば支払い、払いすぎていれば戻ってくる。最初の年は六万円あまりの追加請求があり、予期せぬ大きな出費にびっくりした。次の年からは前年度の合計支払額を月割りにする。実際に使用した分の月平均額なので、精算時の過不足分はだんだん少なくなっていく。

指針に来るのが年に一回なのは、毎月指針し、使用した分だけ月払いする日本との大きなちがいである。年に一回ですめば、それだけ人件費がかからず、電気料金も抑えられるだろう。合理的といえば合理的な考え方である。そんなことができるのも、契約に対する考え方に由来する気がした。ヨーロッパは契約社会だと聞いていたが、なるほどこういうことなのかと思ったものである。契約によって社会が回る仕組みがあるわけだ。

日々の買い物にもずいぶん苦労した。一本の釘を買うのもたいへんだった。いかんせんどこになにが売っているのか、さっぱりわからない。妻は観光など見向きもせず、店を探すために街を歩いた。そうしなければ暮らしがうまく成り立たなかった。彼女は苦にもせず、そのほうが観光よりおもしろいと言った。一見ものがあふれているのだが、日本に比べれば選択肢はないも同然だった。必要なものを見つけたら、その場で買った。さもないと次に行ったときにはもう売っていないのである。同じものでも日本より安いものもあれば、高いものもあるが、総じて値段は高く、質は低かった。とくに衣服や靴は高いと感じた。

小売店は対面販売で、欲しいものを口頭で注文しなくてはならない。もちろんチェコ語である。買おうとしているものがチェコ語でなんというのか、あらかじめ辞書で調べてから出かけた。各国語が参照できるウィキペディアはとくに役だった。注文したあと一度レジで精算し、それから商品を受け取るなど、買い方の仕組みがわからず、よく迷った。慣れないうちは、スーパーに足を運んだ。そのほうが言葉の心配がなく、気楽だった。それでも商品を選ぶには、言葉の壁がつきまとう。小麦粉ひとつとっても種類がたくさんあり、説明書きが読めないと判別できない。

日常の仕組みや決まりは意外なほど複雑怪奇で、わかりにくかった。日本とのちがいをいちばん強く感じた。日常生活のあれこれはたいてい、ほとんど無意識のうちにやるので、説明されても一度に覚えきれるものではない。仕組みがわかり、慣れてしまえばなんてことないものが、わからないうちは実に難解に思えた。

生活を理解するのはそれなりに時間がかかり、そしてお金のかかることだった。失敗して何度も損をした。いらないものを買ったり、間違えて買ってしまうこともよくあった。言葉ができれば交渉して取り替えてもらえるかもしれないが、はじめは泣き寝入りするしかなかった。だまされているとしか思えないこともある。たとえば健康保険料の支払いでは、外国人であるとの理由で、チェコの人の支払う何倍もの料金を請求された。なぜそうなるのか、係りの人もわからずに驚いている。だからといって食い下がったところで、無駄だった。一度言い出すと絶対に曲げず、こちらの納得のいく説明がないまま、間違いはないの一点張りである。チェコ人の知り合いに同行を頼んで出直し、改めて一緒に説明を聞いてもらっても同じだった。あげくには逆ギレされ、大きな声でどなられる。身の縮む思いをして、お金をどぶに捨てた。保険に入らなければ長期滞在許可が取れないのだから仕方ない。

日本の入国管理事務所に相当する外国人警察は、長期滞在許可の申請や更新のために世界中からプラハにやってくる人たちでいつもごった返し、殺伐とした空気が漂っていた。ロシア人やヴェトナム人、モンゴル人ら、みんな一癖も二癖もありそうな人ばかりである。こっちは朝から何時間も並んでいるのに、平気で横入りしてくる人が多く、ますますわけがわからなくなっていく。そんな光景に啞然としながら、みんな生きているのだと感じた。ぼくら家族もその渦中にいる。思わず「わりこむな」と日本語でどなっていた。

ようやく順番が来て部屋に入ると、きびしい顔つきの若い女性警察官がのっけから金切り声でわめき散らした。「書類を全部書け！」と机を手でばしばし叩きながら言うのである。チェコ語がわからないのでなにをどう書けばよいのかわからない。英語で尋ねると、「チェコ語がわからないなら、この国に住むな！　私はチェコ語しかわからない！」と、いっそう威圧的に怒鳴るのである。それにしては警察官が口にしているのは英語だった。根はいい人なのかもしれない。

こうした一つひとつが、外国人が外国で暮らす意味なのだと受け止めた。どんなに理不尽と思えても、ひたすら耐えるしかない。そうしないと、必要な手続きがいつまでたっても終わらないのである。日本に住む外国人もこんな目に遭っているのだろうかと気になった。

日本人には気をつけろ

暮らしに慣れるのはたいへんだったが、心は浮き立っていた。なにより、チェコの自由な雰囲気が楽しかった。日本では自由という言葉を使うのさえ憚られたが、チェコの人たちは競って自由を謳歌している。そうした雰囲気に身を置いていると、移り住んでほんとうによかったと思えた。みんな細かいことなど気にせず、できるだけリラックスして生きようとしている。それだけでも救いだった。共産体制下の桎梏《しっこく》を垣間見ているだけに、社会というものは変われば変わるものだと感慨深かった。

バスに乗っても、自由を感じた。運転手は人それぞれ、自分の流儀で、好きに仕事している。音楽を大きな音でかけながら、鼻歌交じりに運転する人。お腹が空いたのか、店の前にバスを停めてパンや飲み物を買い、飲み食いしながら運転する人。停留所が近くにない知り合いのために、遠回りをして家の近くまで乗せていってあげる人。携帯電話で話しながら運転する人。運転席の回りを飾りたてる人。いつも恋人と一緒で、客を乗せるまでの待ち時間、いちゃいちゃしている人。運転中も恋人はいちばん前の席にちゃっかり座っている。

日本だったら「自由のはきちがえだ」「公私混同だ」「違反だ」といった批判が集まり、きっと大きな社会問題になる。だれかが写真や動画を撮ってインターネットに投稿するかもしれない。騒ぎはあっというまに広がり、全国ニュースになることもあるだろう。そうなれば運転手は会社から処罰されるはずだ。職を失う人も出てくるだろう。移り住んだ当初は、チェコの運転手たちの振る舞いにびっくりしたが、そのうち気にもならなくなった。それがプラハの日常だった。仕事をしっかりやれば、それでかまわないのである。バスのなかでは運転手が絶対だった。酔って騒ぐ客や無賃乗車する人をどなりつけることもたびたびだった。運転はとてもうまく、どんなに飛ばしても怖いと思ったことはない。時刻表もきっちり守られている。だから文句を言う人はだれもいなかった。

プラハでは、昼からビールを飲むのは普通だし、早朝から飲んでいる人もいる。日本ではきびしく取り締まられているマリファナも合法で、街を歩いているとどこからともなく甘い匂いが漂ってくる。学校の親子行事で川に泳ぎに行ったときには、ある生徒の母親がぼくの目の前で全裸になって水着に着替えた。驚いたり、戸惑ったりしたが、こうしたことにも自由を感じた。なんでも細かく規制され、区別されている日本とは大きなちがいである。是非は一人ひとりの判断に委ねられていた。

プラハから見る日本は、とても神経質で、窮屈に感じられた。だからというわけではないのだが、プラハに住む日本人とはかかわろうとしなかった。むしろ避けていた。せっかく日本を離れたのだから、日本人よりもチェコ人の側に寄り添って暮らしたいと思っていた。日本を離れるにあたり、海外生活の長い友だちから、現地の日本人とのつきあいには注意しろと忠告されていた。それも一人二人ではない。それこそ会う人ごとに「日本人に気をつけろ」と言われたのである。なぜそんなことを言うのか、と訝った。

社会主義の時代、チェコに住む日本人は数えるほどで、民主化してもたいして変わりはなかった。しかし、二〇〇〇年を前後して日本から多くの企業が進出し、急に日本人が駐在するようになった。チェコがちょっとしたブームになり、旅行先としてはもちろん、留学先としても人気が出た。その増加率には目を見張るものがあり、一九九九年が四〇〇人強であったのに対し、ぼくらがプラハに暮らしはじめた二〇〇六年には一七〇〇人あまりにまで急増していた。

とはいっても村に住む日本人はぼくらだけだし、子どもの通う学校にも日本人はいなかった。仕事のうえでもプラハに住む日本人とかかわる必要はない。日々の生活のなかで、日本人との接点はまったくといっていいほどなかった。ときどき街で日本人観光客とすれちがったり、買い物途中に日本人らしき人を見かけたくらいである。

それでも少しずつ日本人と知り合った。日本大使館の窓口の係官とは準備のときから何度も顔を合わせていた。移り住む手続きを進めるなかで、さまざまな書類の作成を大使館に頼む必要があったからである。わからないことを質問したり、ちょっとした立ち話をすることもあった。挨拶程度の、たわいのない話だった。手続きがうまくいかない苦労や、何度も足を運ばなくてはいけない面倒を愚痴った。そのたびに励まされ、彼の顔を見ては安心した。

妻は語学学校で一緒になった日本人女性と仲良くなっていた。同じ世代で、子どもの年齢が近く、話が合うらしい。学校帰りに二人で食事や買い物をしていた。子どもの通う学校を通じても、日本人と知り合った。学期末に娘が日本語の通知票をもらってきたのがきっかけである。そこには「大きく、あたたかく、そして楽しくかがやいているおひさまが、私たちの教室に、やってきました」と几帳面な字で書かれていた。チェコ語のわからないぼくらのため、担任の先生が日本語訳を用意してくれたのである。訳してくれた人の手紙も添えられていた。日本人の女性だった。担任の先生とはスイスの教員養成施設で知り合ったとある。

こうしてごく自然に知り合った人とは、互いに家に招き合うなど、家族ぐるみの気さくなつきあいがはじまり、その後も長く行き来がつづいた。しかし、そうではない出会いもあった。そのほうがむしろ多かった。こうした出会いを重ねていくうち、なるほど「気をつけろ」とはこういうことなのかと、次第に合点がいった。日本ではつきあう人を選べたが、それができないのである。ご近所づきあいに似ていた。

パーティーやイベントで出会う日本人は、初対面で必ずと言っていいほど、自分はプラハに住んで何年目だが、あなたはいつから住んでいるかと聞いてきた。これが言わばジャブである。そこから、自慢の連打がはじまる。「わたしのほうが長く住んでいる」「わたしのほうがプラハやチェコのことをよく知っている」「わたしのほうが、語学が堪能だ」「わたしのほうが外国人の友だちがたくさんいる」「わたしの会社のほうが格上だ」。その合い間に根掘り葉掘り、こちらの事情をあれこれ聞いては探りを入れ、自分の立場を推し量ろうとする。ぼくにとってはどうでもいいことが、その人にとってはとても大切らしい。話をしたあと、あからさまに見下した態度を取りはじめる人や、なにが気に入らないのか、舌打ちする人もいた。

多くは大企業や大使館、大学などに勤めるエリートたちだ。そのほとんどは、日本にいたらつきあうことがないばかりか、知り合うこともない人たちである。世界観のちがう人とのつきあいは、最初はおもしろくても、日々の生活にまで入り込んでくると、だんだん嚙み合わなくなってくる。彼らと話していると、外国に住むという特殊な環境が、人間関係をよりいっそう濃いものにし、いびつな村社会をつくりだしているように思えた。

日本人と接するたびに、言葉遣いひとつに気を配り、心がこわばった。言葉が通じるはずなのに、言葉の引き出しをいくら探しても通じずに慌てた。言葉の通じないチェコの人のほうが、よほど心が通った。来る者拒まず、去る者追わずの気持ちでいたいと思いつつ、つきあう人を臆病なほど慎重に選んだ。

同じ国の人同士がいがみ合うのは、日本人に限ったことではない。どうやらどの国でもたいていは同郷者にきびしく接している。チェコ人はチェコ人にきびしいのだと、チェコ人にしても言っていた。近親憎悪なのか、嫉妬なのか、虚栄心なのかはわからない。人がもって生まれた性のようなもので、同じ種族が本能的に競いながら自分の立ち位置を探るのだろう。そこにはなにか人間のもつ気持ち悪さが見え隠れしていた。

仕事のはじめ方

仕事の予定はまったくなにもなかった。だからといって遊んでばかりもいられず、とりあえず日本人にプラハの街を案内するホームページをつくりはじめた。いまどき、だれでも考えつく、ベタな取り組みである。しかし、これがなかなかうまくいかない。実際に暮らしはじめると、日本で考えていたおぼろげなアイデアやイメージはすべて、陳腐で古くさいものに感じられた。どこか現実離れして、うそっぽかった。日本を「フジヤマゲイシャ」で語るのと同じ、ステレオタイプなプラハ案内にどうしてもなってしまうのである。

それでも不出来なホームページを通じ、知らない人から連絡が来た。アクセス数は少しずつ増えていった。プラハに興味のある人がほかにもいるのだとうれしかったが、困惑もさせられた。電車の発車時刻を知りたい。美術館の開館時間を確認したい。レストランの連絡先を調べて欲しい。まるで無料旅行相談所である。

できるだけのことをしようと、一つひとつていねいに対応していたが、さすがに限界もある。日本で手に入らない本を送ってほしいという人や、プラハを旅行するので家に泊めてほしいという人もいた。見知らぬ人に対し、どう対応すればよいのか、ずいぶん悩まされた。それでも本を書店で買ってきて送ったところ、汚れているとクレームが来た。手数料をとっているわけでもないのに、なんだかばかばかしかった。善意が踏みにじられている気がした。インターネットを活用しようとしながら、インターネットに泣かされていた。こんなことでは、どう考えても仕事に結びつくはずがない。

プラハに移り住むにあたり、これからは自分のできることを、できるようにやる仕事のあり方を見つけたいと考えていた。たとえばなにかを自分でつくり、それを売る。そんなごく単純なことでかまわない。大手資本に身を委ねず、市場原理に距離を置いたあり方を模索したかった。とはいっても、それがどういうことなのか、なかなか見えてこない。

プラハに住もうと決めたとき、以前プラハで知り合ったひとりの老写真家を思い出していた。長い時間をかけて、彼はチェコの風景を撮り溜めた。芸術の域に達した、美しい写真だった。カメラを手にしているだけで幸せだし、撮った写真で絵はがきをつくり、観光客相手に細々と売ることにも喜びを感じると語っていた。そんな彼の姿勢に、民主主義を求める自由な心を感じた。共産体制の時代にはそんなことさえ、勝手にはできなかったのである。

長引く不況で仕事のあり方が変わっていくなかで、彼に見倣うべきものがぼくにはある気がしてならなかった。プレゼンやコンペをしたり、注文や依頼を受けてから仕事に取り組むのでは、いつまでたっても下請けから抜け出せない。自分のつくりたいものをつくる、売りたいものを売る。そんなストレートな動機をかたちにしていきたかった。

一方で、仕事の話が来ればなんでもやるつもりでいた。暮らしを立てていくうえで、選り好みする余裕などあるはずがない。いかんせんなにひとつ決まっておらず、すべては白紙である。それを逆手にとって、ぼくは思いっきり楽しもうとしていた。アルバイトを点々とした学生のときのように、いろいろな仕事をしてみたかった。社会を観察するにはそれがいちばんである。

チェコの出版社ではじめて仕事の打ち合わせをしたとき、ぼくは自分の気持ちを「社会参加」という言葉に託した。少しでもプラハの社会にかかわりたいと思っていた。この街のどこかに居場所が欲しかった。出版社に出入りするのはそのひとつになる。外国のメディアで仕事をするなんてハードルが高そうだったが、思ったより簡単に最初の仕事が決まった。

人からの紹介で、ホテルの仕事もしてみた。日本からの観光客や出張ビジネスマンを呼び込みたいとの要望だった。ホテル業界のことなど、まったく知識も経験もない。支配人の求めていることをどうすれば実現できるのか、日本のホテルで働く知り合いに意見を聞くなどして、自分なりに煮詰めてレポートにまとめた。ぼくでは役不足で、お金にはならなかったが、仕事をめぐる状況を知るいい機会になった。美術館の館長や、オーケストラの団長にも会い、仕事の可能性を探った。すぐになにかが実現するとは思えないが、人に会うのも仕事のうちである。

少しずつ人の輪が広まり、少しずつ仕事がはじまった。よい出会いにも恵まれた。出会いが次の出会いにつながった。門を叩けば、なにかが動き出す反応のよさがプラハにはあった。自営で仕事をすることへの理解と寛容が社会にあった。若者も中年も高齢者も、年の差など気にせず、一緒になって仕事をしているのも、日本にはなかなかないことだった。仕事が楽しくて仕方なく、自分が生き生きとしてきた。そんなふうに思えたのは、駆け出しのとき以来である。

仕事の可能性を探りながら、体制を整えているつもりでいた。習慣や考え方のちがいを頭に入れながら、どうすれば仕事がスムーズに運ぶのか、あれこれ試してみた。仕事をだれかと分担することもあれば、自分でなんでもやることもあった。通訳を頼んだり、なんとか自分で話してみたりして、どうするのがいちばんよいのかを考えた。一緒に仕事をする仲間も探した。たまたま知り合ったチェコの学生には仕事のアシスタントを頼んだ。コンピューターや携帯電話などの電子機器は、出先で情報を調べる重要な戦力になった。言葉の能力不足をそれで補おうとした。

しかし、たとえ十分に手を尽くしたとしても、期待通りの結果にはならなかった。勝手がわからずに時間ばかりかかり、二度手間、三度手間を強いられた。人に頼むより、自分でやったほうが早いと思うことが多かった。いざというときに限って、電子機器は思うように動かず、使い方に手間取ったりして、役に立たなかった。

人間関係もむずかしいものがある。チェコの人に仕事を頼んでも、日本と同じようにはいかなかった。事前にしっかり説明したつもりでも、うまく伝わっていないのである。内容も仕上がりも期待通りではなかった。考え方や感性が根本的にちがうのではないかと感じた。やっとの思いでつくったものを見たプラハ在住の若い日本人に、「こんなの、わたしにもできる。だから、わたしにやらせて欲しい」と言われたりもした。まだ試行錯誤をしている最中で、自信がもてずにいたため、強い衝撃を受けた。

それでも次第に思いのまま仕事ができるようになった。点と点がつながり、仕事がスムーズに運びはじめた。力を貸してくれる人も現れた。日本と同じやり方で仕事を進めても、とくに問題にはならなくなった。はじめのうちは世界がどれくらいの大きさなのかわからないまま、やみくもに動き回るしかなかった。不思議なことに、世界は大きくなったり、小さくなったりして見えた。それでもだんだんほんとうの大きさがおぼろげながらも見えてきて、いつしかいろんなことがうまくいくようになっていた。

変わらない現実

日本を離れるまで、外国に住むとはその国の人になることだとぼくは本気で考え、家族にもそう言い聞かせていた。プラハに住むとは日本人をやめてチェコ人になることであり、そうするしかほかにない。和食の食材は手に入りにくいだろうし、買えるとしてもずいぶん割高だろう。日本の情報もチェコのメディアにはほとんど載るまい。だからその国の人と同じ生活をして、同じ考え方をするのがいちばん幸せなはずだ。これまでのいくばくかの海外体験から、そんな暮らしになると覚悟していた。

実際プラハに住みはじめると、チェコの人からも、同じように言われることが何度となくあった。チェコに住む以上、チェコ人になるべきだ。言葉で直接言われたこともある。態度で示されたこともある。言葉を覚え、自分はチェコ人だという意識を強めていく。まずは簡単なことでいいから、チェコ語で考える癖をつけるのが早道だ。そう忠告してくれる人もいた。たしかにその通りかもしれない。郷に入れば郷にしたがえ、である。

チェコのことがいくらかわかってくると、日本人が日本人であるようには、チェコ人はチェコ人ではないのがわかってくる。生粋のチェコ人にはそうそうお目にかかれるものではないのである。周囲の人に聞いても、何世代か前にほかの国から移り住んできた人ばかりで、しかも血がずいぶん入り交じっている。ドイツ、オーストリア、ポーランド、ウクライナ、クロアチア、ルーマニア、イタリアなど、実に多彩である。島国の日本とはちがう、地続きのヨーロッパならではだ。チェコ人になるとは、この地に流れ着いた人たちが生きる術だったにちがいない。同じようにドイツに住んだ人はドイツ人になり、フランスに住んだ人はフランス人になる。こうした国への帰属意識が、国をかたちづくってきたのだろう。

できるだけチェコの人や、ほかのヨーロッパの国々の人と、同じように振る舞おうとした。逆をいえば、自分の内にあるはずの日本的なものをできるだけ打ち消そうとした。口下手な日本人としてではなく、議論上手なヨーロッパ人になりきり、言うべきことはきちんと自己主張した。話すときは少しオーバーアクション気味に、身振り手振りをまじえた。自然とそんなふうになっていた。とにかく黙っていては、なにも相手には伝わらない。そうすることでコミュニケーションが少しでもうまく図れる気がした。

しかし、家族のなかで、チェコ人になるのをいち早くギブアップしたのはぼくだった。肉中心のチェコの食事が苦手で、すぐ和食ばかり食べるようになったのである。慣れ親しんだ食生活ばかりはいかんともしがたく、パンよりご飯のほうが落ち着いた。プラハには何軒か日本食材の店があり、たいていのものは手に入る。韓国系の店に行けば、値段もそれほど高くはなかった。お米は日本で買うより、むしろ安いくらいである。コシヒカリなど、あれこれ手に入るお米を試しているうちに、アメリカ産の韓国米がわが家の定番になった。値段はいちばん安いが、いちばんおいしく、質が安定していた。

おかずは妻がいろいろ工夫した。豆腐は普通にスーパーで売っている。ヴェトナム市場に行けば里芋や筍などが手に入る。海に面していない国だけに、新鮮な魚は見あたらなかったが、冷凍のサバやニシンはどこにでも売っている。それを干物にした。無理をしなくても、手間暇さえ惜しまなければ、そしてないものはないとあきらめれば、和食を家で食べることはさほどむずかしくはなかった。もっとも和食とはいっても普通の家庭料理であり、普段の食卓である。ときどき日本から親兄弟や友人の送ってくれる食品がものすごいごちそうに思えた。

日本の情報はインターネットを通じ、瞬時に流れてくる。かつては日本大使館などに行って日本の新聞をまとめて読んだりしたものだが、その必要はもはやまったくない。メールで連絡を取り合うことも、電話をかけることも、データのやりとりも、どれだけ離れていようと瞬時にできる。パソコンや携帯電話の画面の向こう側は、世界のどこにいてもまったく同じだっだ。

インターネットは、あれだけ広く、遠かった世界を、確実に狭め、近いものにしていた。インターネットの技術を活用すれば、チェコにいながら日本の国内通話料金で通話したり、日本の電話番号で着信することもできる。どうりで時代が大きく変わるはずである。外国に暮らしていても、生活そのものは日本にいるのとたいして変わらない。しかし、日本をどれだけ近く感じても、物理的には遠いのである。その距離感がうまくつかめず、はじめは戸惑った。

こうした状況を目の当たりにしていると、日本を離れるにあたってああでもない、こうでもないと悩んできたのが、実にとるに足らないことだったと恥ずかしくなった。チェコ人にならなくてはいけないなんて考えていた自分が滑稽で仕方がなかった。たしかに郷に入れば郷にしたがうべきだが、その意味はわずか二五年前の世界と比べても、ずいぶんちがうものになっている。その国その国の文化や習慣を尊重し、ルールにしたがわなくてはいけないが、自分を変える必要まではないはずだ。ぼくはぼくでしかない。それを超えてまで無理をしたところで、いまの時代、なんの意味もないと、少しずつ思えてきた。

生活が一段落したころ、家の模様替えをした。当初は日本とはちがう室内空間をおもしろがったが、広い居間を中心とした間取りは日本的な暮らしには合わなかった。随所に飾られている趣味の合わない絵画やオブジェのせいで、いつまでも落ち着かなかった。備え付けの鍋や食器も、食文化のちがいから、どうにも使い勝手が悪い。最初は買いそろえなくてすむので助かると思ったが、そうはいかなかった。使いそうにない家具や家電製品と合わせ、段ボール箱に入れて物置にしまい込んだ。その代わりダイニングテーブルを買ってきて脚を切り、卓袱台をつくった。そこに座布団を並べて食事した。こうしてようやく人の家に居候している感覚が抜けて身体が家になじみ、生活が落ち着いた。

気がつくと、日本となんら変わらないわが家の日常が戻っていた。生活も家族の様子も日本にいるときとまったく変わらない。外国という非日常に家族を放り込んだつもりでいたのに、妻も子どもたちも予想外に旺盛な適応力を示し、あっという間に日々を日常にしていった。考えてみれば、外国だからといって非日常であるはずはなく、どこにいようと人の暮らしはただの日常でしかない。外国に移り住むとはいっても、単に日常から日常へ移るにすぎなかった。

地下要塞の砲撃跡
Dobrošov, Czech Republic

穏やかなイースター祭
Praha-západ, Czech Republic

画家の夢
Paris, France

ダダイズム発祥の地
Zürich, Switzerland

cabaret voltaire
1

第3章 「外国人」の現実

世界はぼくの味方？

具体的な仕事の予定も計画も、なにひとつないまま日本を離れた。漠然と、一年目は準備、二年目は日本の仕事、三年目はチェコの仕事をそれぞれ課題にしようと考えていた。四年目はまとめの年として、三年間の経験を踏まえ、その後どうするかを考える。こうすることで、外国で仕事をするという、ぼくにとっては未知の可能性を探ろうとした。いったいぼくにはなにができるのか、そのときなにが問題になるのか、それで生活できるのかなど、一つひとつ試してみたいと思ったのである。ひとつだけルールを決めた。それは、たとえどんなことがあっても受け入れることだった。

計画といえばそれが計画だった。意識してこの計画通りに進めた。あえてそうしなくても、自然とそんな流れになっていった。潮の変わり目というものがあるらしく、次の段階に移ったと感じる瞬間があった。とにかく最初は、生活を落ち着かせることで精一杯だった。子どもの通う学校には足しげく通って先生と話し合い、妻の買い物にもよくつきあった。妻が「これはなにか」と聞いてきたり、「なんと言っているのか訳して」と言ってくるのがうるさかった。ぼくにしても、なんだかよくわからないのである。それでもどうにか夫婦がすれちがわずにすんだ。だからというわけではないのだろうが、予想していたより早く、半年もたたないうちに家族はすっかり落ち着きを見せていた。

外国に住んでいるからといって、日本の仕事は日本で働いていたときと、なんら変わりはなかった。仕事の交渉も進め方もまったく同じである。長い出張をしているようなものだった。八時間（夏は七時間）の時差があり、九〇〇〇キロあまりの距離がある以外、ちがいを意識することはとくにない。時差にしても日本時間に合わせて早朝から仕事をすれば解消できた。時差があるのを活かし、余計に働けもする。ただ、物理的な距離だけはどうにもならず、郵便物などの受け取りには時間がかかった。顔を合わせて打ち合わせするのもむずかしい。しかし、それが支障となることはまずなかった。

チェコでの仕事はさまざまな広がりを見せていた。テレビ局からニュース番組のコメンテーターとして出演依頼が舞い込んだりもした。日本のテレビに出ている外国人タレントの顔が思い浮かんだ。おもしろおかしく日本を紹介すれば、ちょっとした人気者になれるかもしれない。それも生きる道だろう。しかし、端で見ているほど、簡単な仕事ではなかった。日本の首相が任期半ばで辞任した理由を生放送で解説して欲しいと言われたところで、なぜ辞めたのか、いくら考えても、いくら調べても、よくわからない。ただ投げ出したとしか思えなかった。混迷する日本の政治状況など、酒の席での冗談ならともかく、うかつなことは言えそうにもない。せっかくの機会だが、丁重に断るしかなかった。

美術館で学芸員としての仕事をはじめたとき、これでもう一安心だと感じた。この先なんとかうまくやっていけると自信がもてたのである。なんらかの公的な立場を得られれば、外国人として暮らすにはなによりの強みになる。滞在許可や健康保険など、滞在にまつわる多くの問題も一気に解決するだろう。仕事を通じて記者会見に引っ張り出されたり、日本から来た著名人と一緒にシンポジウムの壇上に登ったりもした。すべてがはじめての体験である。なんだか自分が少し偉くなった気がして、居心地が悪かった。裏方仕事のほうが向いているぼくは、やはり外国人タレントにはなれそうにない。

美術館の仕事はずいぶん忙しく、会議や雑用がたくさんあった。毎日のように出かけては、社会主義臭の強い巨大な建物のなかを駆けまわっていた。日本人相手の仕事とはまったく感覚がちがい、戸惑ってばかりいた。いらいらし通しだった。とにかく効率が悪く、無駄な時間が多い。せっかく出かけても、なにも進まない日が多かった。いつまでたってものらりくらりしていて、仕事が遅々として進まない。だれもかれも平気で約束の時間に遅れた。これまで滞在許可の取得に苦労し、さまざまな手続きに翻弄されてきた理由が、よくわかった。

業務が細分化されていて、だれがどの部分をどのような立場でやっているのか、把握するのは容易ではなかった。スタッフはみな顔見知りなのでそれで問題ないようなのだが、仕事をはじめたばかりのぼくはそうはいかない。名前もなかなか覚えられない。日本であれば分刻みのスケジュールや詳細なワークフロー、担当者一覧などが用意されるのだろうが、そんなものはどこにも見当たらなかった。いつもぎりぎりまで紛糾し、正気の沙汰とは思えないほどの混乱に陥った。それでもなぜか最後は辻褄が合い、予定通りに事が運ぶのである。舞台裏では直前まで慌てふためいているだけに、粛々と幕が開くのは魔法でも見ている心地がした。

こうしたチェコのやり方や考え方を受け入れ、学ぼうとした。チェコで仕事をする以上、チェコのやり方にしたがい、慣れていくしかない。日本と比較するのは無意味だった。チェコか日本か、どちらかの側につかなくてはいけない場合は、迷わずチェコが有利になるようにとりはからった。チェコ流に慣れてくると、次第に日本のやり方に困惑するようになった。日本側から分刻みの予定表を渡されても、その通りになるとはとても思えない。実際に無理が生じ、現場の負担ばかりが増えた。

やがて、少なからぬ日本人がチェコで働くことに苦労している様子も知った。チェコ人の現地従業員をどう扱ってよいのかわからず、頭を抱えていた。できないのに平気でできると言い、仕上がりが悪いのによいと言い張る。なにかミスが出るとすぐ言い訳し、間違いを正せば逆ギレする。あうんの呼吸といった日本的な感覚など、とても理解できそうにない。とにかく自己主張が強いチェコ人と、協調性を重んじる日本人とは気質に相容れるところがないとさえ感じた。

日常生活で神経をすり減らす日本人も多かった。いちばん大きいのはやはり言葉の壁だった。言葉が通じず、とくに大家との関係に苦労していた。その点、ぼくらはとても恵まれている。住んでいる村では村の人たちとのつながりが密だし、仕事でもチェコの人と楽しくやっている。理想的な海外生活をぼくらは実現できているはずだと内心、思っていた。仲良くなった日本人を、年に一度の村祭りに誘ったのは、そんな驕りがあったからかもしれない。自分たちの暮らしぶりを、ちょっとした見本のつもりで示そうとしたのである。

村祭りはマソプストと呼ばれ、カーニバル（謝肉祭）にあたる。春の訪れを待ちわびるように、昼間から真夜中まで、一日中、仮装して村中を門付けして回り、飲めや歌えやの大騒ぎを楽しむ。わが家の門付けでは妻の手づくりしたお寿司や日本酒をふるまった。村の人たちは大喜びだった。参加した日本人も楽しげで、「チェコの人も笑うんだ」と真顔で呟いていた。

こうした日々を過ごし、なにもかもがうまくいっていると感じていた。いろいろなことを意のままに動かせている。世界がぼくに味方してくれている。それでいて、ひとたびなにか歯車が狂いはじめれば、なにもかもが一気に崩れ去ってしまうだろうと予感していた。

肩書きは日本人

プラハでなにか仕事をするにあたり、履歴を問われたりはしなかった。試験を受けたことも、面接を受けたこともない。どこの大学を卒業したかも、なにを学んだかも、どのような職歴かも、語学力がどれくらいあるのかも、どんな資格をもっているのかも、いっさいなにも聞かれなかった。外国で仕事をするとはいったいどういうことなのだろう、どうやって仕事を探すのだろうと思い詰めていただけに、拍子抜けしたほどである。もっともそれはすでに仕事の実績があるからだった。これまでしてきた仕事の成果を見せれば、相手は判断できる。もしなにもなければ、相手にされなかったかもしれない。

仕事は、いつもはじめから具体的な打ち合わせになった。日本で仕事をするときとまったく同じである。打ち合わせにあたって、あらかじめ言葉の不安を告げても、ちゃんと話せているから大丈夫とそっけない。チェコ語ができなければ英語で言えばいいだけだし、より正確な英語が必要であれば専門家に頼めばいい。もちろん英語はできて当然と思われているのだが、大切なのは、ぼくになにができるかであり、なにを知っていて、なにを考えているかであり、そして日本人であることだった。なんでも一人でやろうとはせず、個人の能力の限界を前提としたうえで、仕事を分担し合えばそれでいい。日本ではいつでもどこでも完璧を期すことが求められた。ちょっとしたミスも許されない。仕事のあとの飲み会でさえ、言葉ひとつに気を遣う。なにか少しでも問題があれば叱責され、へたすれば仕事を失いかねない。絶えず緊張を強いられた環境ががらりと変わり、仕事をリラックスして楽しめた。

これまでぼくにはさまざまな肩書きがあった。学生のときはたとえば小学生であったり、中学生であったり、通っている学校名であったり、その学校の何年生かであったりした。働きはじめると、勤めている会社の名前、仕事の内容、役職が肩書きになった。肩書きは自分の分身であり、存在証明であるはずなのだが、ぼくの場合、社会人になって与えられる肩書きにしっくりきたことは一度もなかった。ぼくはそうではないのだと感じ、ではぼくはいったいなんだろうと考えてしまった。突き詰めていくうちに、しまいには何者でもない自分を意識するようになっていた。事実、プラハで仕事をするうえで、なにを知っていて、なにを考えているのかと問われるたびに、これまでなにも考えてなどいなかったのだと思い知らされた。ただなんとなくなにかを感じているだけなのである。日本ではそれで生きていけた。

プラハでのぼくの肩書きは、なににもまして日本人になった。気づくと日本という属性と、日本人であることがぼくの肩書きになったのである。日本を棄て、日本人をやめるために日本を離れたというのに、逆に日本が強まっていたのだ。日本の一部メーカーの名前は有名でも、新聞や雑誌の名前を知っている人はまずいない。だから「日本の新聞」「日本の雑誌」で十分だった。学校の名前にしても同じである。日本では重要に思えていた個々の名前が、一歩、外に出てしまえば意味を失い、ひとくくりにされた。子どもたちは子どもたちで、「日本人だから化学の実験をうまくやれる」「日本人だからヘミングウェイを知っている」などと、日本とはおよそ関係のないことまで、日本人であることを特別視されるのに戸惑っていた。

二〇代で海外での仕事をはじめたとき、外国に行けば行くほど、日本をもっとよく知らなければいけないと痛感した。日本について聞かれても、きちんと自分の考えを答えられないからだった。みんなが知りたいのは、単なる知識ばかりではなく、ぼくが日本人として実際に自分で見たり聞いたりしたものであり、感じたり考えてきたことだった。つまり日本人であるぼく個人の意見というわけだ。それに外国語とはいっても、実は日本語の能力のほうが重要であることにも気づかされた。日本語で話せないことは、外国語でも話せない。会話がいくらできたところで、自分の考えをもっていなければ、空っぽなおしゃべりにしかならないのである。

それで外国のことよりも日本への関心が強まり、記者の仕事で日本中を訪ね歩くようになった。時の人に会いに行った。おいしいものを食べ歩いた。漁船に乗って魚群を追った。職人の技を見て回った。川の源流まで山を登った。宮司に氏神のことを聞いた。流行りものを自分で試してみた。温泉巡りをした。由緒ある祭りを見に行った。いくつもの脈絡のない知識と経験が次第に結びつき、日本のことを少しは知ったつもりになった。それでも、知れば知るほど、世の中には知らないことだらけだと思い知らされた。

しかし、こうした知識をいくら溜め込んだところで、日本では雑学だと笑われてばかりいた。浅い知識をいくらもったところで、うるさい蘊蓄《うんちく》にしかならない。それよりもマニアックでオタクな知識が評価された。思いもよらず、その雑学がプラハで活きることになった。それはまだ経験の少ない二〇代のときとはちがう、四〇代になってからの大きな変化なのかもしれない。

プラハでの暮らしをはじめてからというもの、いつも日本とのちがいを探していた。日本と似ているところもあれば、ちがうと感じることもある。日本のほうがよいところもあれば、チェコのほうがよいところもある。こうした差異に文化を感じた。それこそ一〇代のころからずうっと外国に興味をもってきた理由だった。文化も歴史もちがうのだから、感じ方や考え方にちがいが出てくる。だから社会の仕組みが異なる。外国と一口にいっても、さらに国や街によってちがいがあるはずだ。同じように見えても、ちょっとしたちがいがあり、ズレがある。そのちがいが文化の源であり、ときに軋轢となり、摩擦をうむと考えたわけだ。

知り合ったチェコの人も、よく日本とチェコのちがいを指摘してきた。なるほどと思うこともあれば、そうではないと思うこともあった。しかし、世界中からプラハというひとつの街に集まってくる人たちと一緒に過ごし、付き合いが深まるにつれ、これまでちがうと思っていたことも、実はたいしたちがいではないと感じた。みんなおかしければ笑うし、冗談も世界共通だ。おいしいものはだれにとってもおいしい。叩かれればだれだって痛い。どの国がどうのという問題ではないのである。

文章の書き方ひとつとっても、論理のたて方や思考方法からちがいが生まれるとばかり思っていた。絵画や写真の構図や色の選び方にもちがいが出てくる。そのちがいを意識し、だれかに仕事を頼むときは、細かな注文をした。考え方の溝を少しでも埋めるため、あらかじめ意向をしっかり伝えた。それでも行きちがいが生じた。こうしたことを繰り返しているうちに、論理や思考がちがうのではなく、技術的な問題があるだけなのだとわかってきた。うまい人はだれが見てもうまいし、よいものはみんなよいと思う。ちがいが文化のはずだったが、単に技術に優劣があるだけだった。同じものを一緒につくろうとすることで、それを強く感じた。

お金が怖くなる

プラハをはじめて訪れた一九八九年、物価がとても安いと感じた。二度目に滞在した一九九二年も、印象は変わらなかった。その記憶が移住先としてプラハを選ぶ動機のひとつになったのはたしかだった。物価の高い国よりも安い国のほうが生活はしやすいだろう。社会主義のときはビール一杯が日本円にして五円で、革命三年後は二五円だった。レストランの食事も、店に並ぶ品々も、たいていのものはとても安く感じられた。安さに驚いていると、チェコの人はそんなことはない、高いと強く反論し、この感覚の差をどうとらえるかが課題だと言った。なるほどと思いつつ、なんと答えたらよいのか、そのときはわからなかった。

いざプラハに住みはじめてみると、物価が高いと感じた。なにもかもが割高で、気軽に手を伸ばせない。日本での値段に比べ、不当に高いと思うものもあった。外食はとても贅沢なものになった。ビールは二〇〇円にまで値上がりしていた。店によってはもっと高い値段をつけている。二〇年で四〇倍になった計算になるが、それでも相変わらず日本よりは安い。とはいえ安いのはビールくらいで、プラハの物価もいまはもう東京とそれほど変わらない。むしろ高いくらいだ。しかし、観光でプラハに来る人は、安いと感じることもあるだろう。今度はぼくが物価感覚の差を突きつけられる番になった。それはとても相対的な問題なのである。

極力、お金を使わない生活を心がけた。お金を使うのが心の底から怖くなった。物々交換の発想で、子どもたちのチェコ語の家庭教師にはお金ではなく、代わりに日本語を教える条件で頼んだ。だれかに食事に誘われても、高い店だと行かなかった。移り住む前に予期していたとおり、収入は激減していた。やはり四分の一程度にまで落ち込んだ。お金を稼ぐのがますますむずかしく感じられた。あくせく働いても、収入に結びつかないのである。

一ヵ月の生活費は二〇万円を見越していた。それで決して十分ではないのだが、チェコの平均月収は一〇万円ほど。プラハで働く限り、賃金はこの金額がひとつの基準になる。同じ仕事をしても、日本より賃金が格段に低かった。物価は高いのに、稼げるお金は少ないわけである。チェコの人たちの多くが夫婦共働きというのもうなずける。想定される生活費は二人分の稼ぎに相当し、チェコではかなりの〝高給〟になるわけである。なんとか日本から受注する仕事も合わせ、カバーした。余裕のまったくない生活だった。

税金や年金、健康保険の占める割合も大きい。消費税にあたる付加価値税にしても二〇％前後だ。光熱費も高い。冬が寒い国だということもあり、とくに暖房費は大きな負担になる。こうした部分は、旅行者の目にはまず見えてこない、暮らしてはじめて知る現実だ。

さらに輪をかけてぼくをお金恐怖症にしたのが為替だった。チェコではコルナという独自の通貨が使われ、為替相場を平均するとだいたい一コルナ五円の換算になる。借家の家賃は二万コルナで、日本円にして一〇万円のつもりでいた。プラハで一軒家を借りるには、それが最低ラインだった。しかし、為替が長らく円安に推移し、一時期一コルナ九円近くにまで上昇した。一〇万円のはずの家賃が一八万円にまで上がった計算になる。予期していた以上の為替の上昇に頭を抱えた。二万コルナは二万コルナで、大家にとっては家賃が上がったわけではないのだが、日本円で生活するぼくにしてみれば実質、二倍近くになったことになる。その差額がいったいどこに消えていくのかはわからない。為替の魔法としか思えなかった。

為替の変動をいちいち気にしていたら気が変になる。海外生活の長い先輩から、そう助言を受けていた。まさにその通りだと自分に言い聞かせてはみるものの、お金の価値が半減するのだから、気にしないように努めても、つい気が滅入った。収入も貯蓄も半分になったも同然である。クレジットカードで買い物するときや、日本の銀行カードでATMからお金を下ろすときにも為替手数料がかかり、自動的に上乗せされている。その手数料がいくらなのか、為替レートに含まれているのでどうもはっきりしない。現金を銀行にもっていっても、両替するにはしっかり手数料を取られる。少しでも換算率がよくなる工夫をしてみるのだが、なにかいい方法を見つけても、しばらくするとシステムが一方的に変わるなどして、元のもくあみになった。お金にはお金そのものを吸い上げる、いくつもの見えない仕組みが張り巡らされている気がしてならなかった。お金のもつ理不尽さに、底知れない闇を覗いている気がした。

ものを買うのに臆病になり、ほんとうに必要なもの以外は買わなくなった。衝動買いなんて、もってのほかである。消費は罪なのだとさえ思った。日本では欠かすことのなかった自動車は真っ先に諦めた。どこに行くにも自動車だっただけに、生活は大きく変化した。はじめのうち、自動車のない生活は不便に感じられた。どこかに行こうとするたび、自動車がないことを意識させられた。しかし、慣れてくると、かえって心地よくなった。どこに行くにも公共交通機関を利用した。電車やバスに乗って窓の外の風景を眺めていれば、時間はあっという間に過ぎていく。訪れた先では地ビールを楽しめる。

どうしても必要があれば、タクシーを利用した。贅沢に思えるが、そんな機会は年に数えるほどしかない。もちろん自動車を所有するより、はるかに安くつく。車両代も修理代も消耗品代もガソリン代も保険料も必要なくなり、自動車にまつわる税金を納めなくてもすむ。いいことずくめである。無理をして新車を買ったり、スポーツカーに乗っていきがることがなくなり、気楽になった。そんなことは突き詰めてしまえば、なんの意味もないのである。

運転そのものもやめた。道も交通法規もよくわからないなかで運転したら、警察に捕まり、そのたびに罰金を払うことになりかねない。警察との関係は滞在許可がらみだけにしたかった。事故の加害者になるのも被害者になるのも避けたい。事故に遭ったとき、たとえ自分が悪くなくても、言葉の問題でうまく説明できず、いつのまにか自分のせいになりかねない。

こんなふうに思えるのは、プラハの街には地下鉄やバス、路面電車による公共交通機関がくまなく整備され、しかも安価に買える定期券で、すべての路線を自由に乗り降りできるからだった。できるだけ公共交通を利用しようという社会の仕組みができあがっている。地方都市でも公共交通が発達していて、どんな山間の村でも、たいていバスの便がある。交通費も日本に比べ、割安に感じられた。学生割引、週末割引、家族割引など割引も充実している。公共という言葉のもつ意味合いが、日本とはずいぶんちがっていた。チェコに比べたら、日本の交通サービスは公共の名を借りた、ただのお金儲けでしかない。

お金のあり方が大きく変わり、だんだん働くことの意味がぼくのなかで変わっていった。生きる意味さえ変わった。人はお金のためだけに働くわけではないという価値観が、いつしかぼくのうちに芽生えていたのである。あれも欲しい、これも欲しいと物欲をたぎらせながら働くのが心底ばからしくなった。ほんとうに必要なものなんて、人間にはそうあるわけではない。

言葉が壊れる

日本を離れるとき、もう二度と戻ることはないと思った。だから一年経って仕事で日本の土を踏んだとき、まるで墓の下から生き返り、娑婆に出てきた心地がした。幸いなことに、プラハに移り住んでからも、日本各地を訪ね歩く仕事をつづけられたのである。それでのこのこ出てきたものの、どこに目を合わせてよいのかわからない、不思議な恥ずかしさがあった。幽霊の目には、きっとこんなふうに世の中が見えるのだろう。

成田空港に着いた瞬間、ぼくはずいぶん緊張し、身体がこわばるのを感じた。よその国にいる違和感がまとわりついてきて、暑くもないのに汗ばむほどだった。リムジンバスから見えるものものしい警備に、いったいなにがあったのだろうと不安になった。それが日本のありふれた日常であるのを思い出すまでに、しばらく時間がかかった。通り過ぎていく風景を目にしながら、見えているはずのものがなにも頭に入ってこなかった。都心までたどりついてようやく、これまで何度も自動車を走らせてきた、見慣れた建物が目の前にたっているのに気づいた。一年ぶりの東京の街は驚くほどなにも変わっていなかった。あたりまえである。ぼくがいなくても、世の中、なんにも変わりはしない。生まれ育った街は、しらじらしくぼくを迎えるばかりだった。

駅までぼくを迎えにきた母は、改札から少し離れたところで、柱に隠れるようにして待っていた。ぼくはぼくで一年ぶりに母と顔を合わせるのが照れくさかった。子どものころ、叱られて家を追い出され、もう二度と帰らないつもりで近所をさまよい歩いたのを思い出した。夜遅くなって怖くなり、家に帰ったときのばつの悪さに似ていた。母はぼくを見るなり、「あ、足がある」と叫んだ。たしかにぼくは幽霊だった。

共産体制を嫌った親に連れられ、幼いころオランダに亡命したチェコの友人もまた、生まれ育ったプラハにいると、自分が幽霊のように感じるとぼやいては、度の強いお酒をあおっていた。それが亡命者の心境というものなのだろうか。

ぼくは日本に対し複雑な感情を拭いきれず、やり場のない思いを抱いていた。ぼくは日本を棄て、日本はぼくを棄てたのだ。持ち家は売れず、住宅ローンを支払いつづけていたが、家族の住んでいない家に、もう自分の家という感覚はなかった。日本に故郷と呼べるところはなく、生まれた家も、育った家も、とうの昔にない。もしあるとすれば母そのものであり、父の眠る墓だった。土地からは切り離され、帰る場所がほんとうにどこにもなくなっていた。

久しぶりに東京の街を歩くと、日本人の顔が怖いくらい、みんな同じに見えた。のっぺりとした穏やかな顔に、疲れた心が見え隠れしている。日本からプラハに行った当初、チェコの人たちが同じ顔に見え、冷たく感じられたものだが、それがすっかり逆になっていた。外からの目で見ると、日本人はこんなにも同じに見えるのか。着ているものやしぐさまでそっくりなのである。日本を離れてからというもの、日本人はよく似ていて、区別できないと指摘されてきたが、たしかにそんなふうに見えたのだった。

ぼくのなかで、外国に住む自分と、日本人である自分がまったく別の存在として向かい合っていた。目にするものすべてについて、チェコと日本を比べてしまった。ちがいにはなんの意味もないとプラハでの生活を通じて十分わかっているつもりなのに、つい気になった。プラハではスーパーで精算するとき、こっちがせっかく買ったものをレジの人は平気でぽんぽん放り投げる。そのたびに腹が立って文句のひとつも言いたくなるのだが、プラハではそれが普通だった。レジの人が深々とお辞儀をして、商品を一つひとつていねいに機械に通していく日本とは正反対である。それなのに、日本のほうがなにかおかしいと感じた。マニュアル的で人間味がなく、気味が悪かった。コンビニでは手を握られるようにしておつりを渡され、なにごとかとうろたえた。いったいだれがなんのためにこういうことを望んだのだろう。

仕事も、一筋縄にはいかない。万事がざっくばらんなチェコに慣れてしまうと、日本流のビジネスマナーに戸惑った。名刺交換はどのようにすればよかったかを忘れてしまい、名刺を受け渡す手がこんがらがった。いまどきの敬語の使い方に、言葉がつまった。なにかにつけて神経質にならざるを得ず、細部にまで気を配らないと、ひとりの社会人としてなにを言われるかわからない。もっともらしいわりには、中身のないやりとりに終始した。居心地が悪く、とても疲れた。プラハに着くと、「家に帰ってきた」と安堵した。

それから二度、三度と日本に出かけるたびに、違和感の質が変わっていった。ぼくひとりが突然変異したように、その場に馴染めずにいた。プラハでも外国人だが、日本でも外国人だった。言葉もすっかりおかしくなっていた。チェコでは日本語を話すのはほとんど家族のあいだだけで、仕事では何語ともつかない〝外国語〟を話したり、書いたりしているせいかもしれない。日本語を話しているつもりなのに、話しているうちに自分でもなにを話しているのか、わからなくなった。一生懸命、話せば話すほど、おかしくなってくる。我に返ると、相手が驚きの表情を浮かべていた。よほど変なことを言っているらしい。焦って取り繕おうとして、ますます言葉がおかしくなった。飲んでもいないのに、酒に酔っているようだった。

チェコでは耳を閉ざせば、なにも耳に入ってこなくなる。すぐ隣で話している人の声さえ、まったく聞こえない。日本語の場合はそうはならず、おかしな解釈をして、耳に残った。妻が「パン、つくってた」と言っているのに、なぜか「パンツ食ってた」と聞こえたりするのだ。まるで下手な冗談だが、そんなことがよくあった。言葉を処理するぼくの能力は、明らかに異常を来していた。

かといって、外国語ができるようになったわけではない。相対的に言葉の能力が低下しているのである。なまじ仕事でチェコの人やほかの国の人たちに触れている分、意識下で言葉が混乱していた。日本語とチェコ語が合わさり、気づくと「そのドヴェジェ（扉）を閉めて」などと口走っている。あるいは、「扉」と言っているつもりなのに、なぜか「ボタン」などとまったく関係のない言葉が出てきてしまう。言葉が暴走しているのを指摘されるたびに、なにがどうなっているのだろうと落ち込んだ。

ぼくから「扉」という言葉が奪われ、それに代わって同じ意味の新しい言葉「ドヴェジェ」が居座っていた。たぶんそれは人間が本来的にもつ生理的な能力のひとつの限界なのだろう。頭のなかの混沌とした状況を乗り越え、言葉の引き出しが整理できてこそ、ほんとうの意味で外国語が身についたことになる。バイリンガルの人がそんなふうに話していたのを思い出す。しかし、外国での生活に溶け込もうとあがけばあがくほど、こうして日本語を失っていく感覚にさいなまれ、そればかりか自分が何者かさえ見失いかけている気がしてならなかった。障害をもつ人たちの苦しみを、はじめてリアルに理解した。

子どもたちの反抗

チェコのどこか素朴なところに惹かれていた。それはいまの日本が失った、とても大切なものに思えた。子どものころに過ごした東京の記憶がいまのプラハにダブり、懐かしく感じた。高度経済成長に沸き、活気もあれば、勢いもある時代だった。貧しくもあった。子ども心にも感じた戦争の影が、共産体制の名残と重なる。ほかの子どもをうらやみながらも我慢ばかりして、いい思い出なんてあまりなかった。空も川も海も公害でひどく汚れていた。あれから人びとが世の中をよくしようとしてきたのだから、いまのほうがずっとよいはずなのに、なぜかいい時代だったなどと感じてしまう。なんだかんだいって、社会が横並びだったからなのだろう。

プラハに移り住んだのは、子どもを育てるなら、いまの世の中よりも、自分が小さかったころの社会のほうがいいとの思いが、心のどこかにあったからなのかもしれない。携帯電話もパソコンもテレビゲームもない時代である。それはつい最近のことに思えるが、もうずいぶん長い時が経っている。ぼく自身もできうればあの時代に働けたらおもしろかったなどと、叶うわけもないことを考えた。そんなことはなんの意味もないのはわかっている。しかし、行き着くところまで行き着いた日本では、なにが現実でなにが虚構なのかさえ、ほんとうに見えなくなってしまった。世の中が牛乳瓶の底から覗いたように歪んで見えているのに、そういうものだと世の中の人たちは思っている。「なんか変だよ」と口にしたら、そんなことはないと言いくるめられる。そのなかで生きていくのは、とてもむずかしいことだった。

子どもたちがプラハの学校に通いはじめたとき、一日も早くクラスに溶け込み、なに不自由なく授業を受けられる日が来るのを願った。言葉を身につけ、授業の内容がきちんとわかればいい。学校の友だちと仲良く遊び、日本とはちがう環境で一回り大きく成長して欲しい。親としてそう望んだ。

振り返ればいろいろなことがあった。チェコ語が上達しないので、学校をやめさせると娘の担任が一方的に連絡してきた。息子もまた、このまま学校にいても、チェコ語に問題があるので卒業できないと言い渡された。それでもなんとか難局を乗り切った。先生や友だちが支えになった。自由な雰囲気の学校で学びながら、息子は考え方が少し柔らかくなり、勉強嫌いの娘も少しは進んで勉強しはじめた。そんな姿を見ているだけで、日本を離れてよかったと思えた。

チェコ語に習熟していくことで、子どもたちに降りかかる問題は少なくなっていった。同級生の足を引っ張ることがなくなり、ごく普通に授業を受けている。同時に、「日本人だから」「言葉がわからないから」といった理由による、気くばりや遠慮もなくなった。ほんとうの意味で、一人のクラスメイトになったわけである。子どもたちもクラスメイトをチェコ人だと意識しなくなった。

クラスに溶け込んだのは喜ぶべきことのはずだった。しかし、実際にそうなってみると、思ってもいない事態に陥った。子どもたちはまるで自分がチェコ人になったかのように振る舞いはじめたのである。それは当初ぼくが望んだことである。しかし、これがまた強烈だった。なにをするのも自由だとばかりに、勝手きままに自己主張を繰り返したのである。チェコのよさだと思っていた素朴さは、裏を返せばワイルドで、粗雑なことだった。なかなか凶暴でもある。

チェコ語がよくできるようになった分、娘は息子よりもチェコに染まっていた。勉強にまったく身が入らなくなり、いつもそわそわして、心ここにあらずといった状態がつづいた。まだ中学生なのに、化粧をし、めかしこんで登校した。友だちと遊んで夜遅くに帰ってきても、そんなのは当然という顔をした。クラスメイトのボーイフレンドに夢中だった。黙って友だちの家を泊まり歩いた。繁華街で娘を見かけたと、知り合いが心配して連絡してきた。

友だちと遊ぶだけで言葉が上達すると思い、大目に見てきたのがここにきて裏目に出ていた。なんとかしなければという思いで叱ると、ますます反抗的な態度をとった。叱られるたびに、豊かだった娘の表情が消えていった。

プラハの繁華街では夜中、ふらふら出歩く子どもの姿をよく見かける。街にはものがあふれかえり、それが安っぽいものでも、子どもの物欲を刺激するには十分だった。多くの親は子どもの欲しがるものをなんでも買い与えた。決して安くはない最新の携帯電話やパソコンも、もっているのがあたりまえだった。ティーンエイジャーでも大人の恋を謳歌し、人目をはばからずに抱き合っている。マリファナやドラッグに手を染める同級生もいた。疲れがとれるからと、子どもに勧める親がいるくらいである。学校の回りには使用済みの注射器が落ちていた。社会主義が崩壊して価値観が大きく変わったとき、この国では深刻なドラッグ問題を抱えた過去がある。

子どもたちの世界は、ぼくや妻の見えないところで確実に広がっていた。なかには悪い遊び仲間もいるらしい。万引きしたり、ドラッグに手を出して警察に捕まりでもしたら、チェコ人の友だちは補導ですんでも、外国人であるぼくの子どもたちは国外退去を迫られたり、滞在許可の更新ができなくなるだろう。チェコ語が上手になっても、外国人は所詮、外国人なのである。チェコの社会にどれだけ溶け込もうと、その一線は超えられない。

同級生の親の世代は、自由を奪われ、我慢を強いられた社会主義の時代に育った。そのせいか、子育てにあたり、なにかを禁じたり、締めつけるのを極力、避けようとした。親もまた自由を満喫し、子どもを放任主義で育てている。離婚する人が多く、どの家庭もずいぶん複雑だった。

先生やほかの親たちに、子どもたちのことで相談しても、あまり意味のある答えは得られなかった。ぼくがなにを問題にしているのか、わかってもらえないのである。チェコの社会全体が自由をもてあましているとしか思えなかった。不自由な社会で育った大人たちは、自由とどう向き合えばよいのかわからず、子育てでも迷走しているとぼくの目には映った。

プラハという街と、シュタイナー学校のもつ自由な雰囲気が子どもたちにうまく作用し、日本の学校に通ううちに萎縮していった心が少しずつときほぐされ、のびのびしはじめた。しかし、いつしか自由のもつ毒牙にすっかりあてられ、自分で自分を抑えられなくなっていた。シュタイナー学校は入学するときの選択も大切だが、いつやめるかのほうがもっと大切だという先生もいる。効き目の強いカンフル剤のようなものなのだろうか。プラハに暮らしはじめた当初は新鮮だった日々も、急速に色あせて見えた。日本で悶々としていたときと同じく、心に引っかかりを覚えていた。

Welcome to the Machine

「Welcome to the Machine（マシンへようこそ）」——謎めいた一行の英文で、匿名のいやがらせははじまった。それがピンク・フロイドの曲名であるのはすぐに思い当たったが、なにが言いたいのかはわからなかった。しかし、あとから考えると、それは一種の宣戦布告だった。

いやがらせは執拗だった。ぼくがインターネット上でなにか仕事をすると、目ざとくそれを見つけては、いやみなコメントを繰り返した。揚げ足をとり、茶化し、そして上から目線で批評する。こんなことをするのはいったいだれだろうと気になり、頭から離れなくなった。日本語で書き込んでいるので、日本人だと思われた。なにより、陰湿さが日本的だった。書き込む時間帯から、チェコに住んでいるのではないかと感じた。心当たりはまったくない。

プラハに住みはじめてすぐ、ぼくを悪く言っているチェコ人がいるのを人づてに聞いた。そのチェコ人によれば、なんでもぼくは美術展を開くからとお金を集めたまま雲隠れし、多くの人をだましたことになっていた。事実であれば立派な犯罪だが、もちろん身に覚えのない話である。

その人とは一度、会ったことがある。共産体制の時代のことだった。東京で名刺交換をしただけで、面識はないのも同然である。それなのになぜかぼくを話題にしている。いったいどこからぼくの名前が出てきたのだろう。どうしてぼくがプラハに住みはじめたのを知っているのだろう。考えれば考えるほど不思議だった。勘違いをしているのか、それともだれかがぼくの名前を騙っているとしか思えない。そのときは知り合いがぼくをかばい、否定してくれたのでことなきを得たが、それはもうびっくりするくらいの剣幕でぼくを非難していたそうだ。

チェコ人ばかりではない。日本人にもぼくを謗る人がいた。その人とは知人の紹介で一度会ったきりで、つきあいはなかった。移住の準備で短期滞在したとき、滞在許可の取得方法について尋ねたのだが、その際になにか行き違いがあったわけでもない。それなのに、「あいつは気をつけたほうがいい」などとぼくをあしざまに言っているという。プラハに来る前に「日本人には気をつけろ」と言われたが、いつのまにかぼく自身が、「気をつけるべき日本人」になっていたのである。

できるだけプラハに住む日本人とはかかわりをもたないようにしていた。それにもかかわらず、こうして悪い噂が流れるのは解せなかった。どの組織にも属していないぼくのような存在は、それだけで怪しく、うさんくさいものに映るのだろう。

たしかにプラハの日本人社会には厳然たる階層があった。企業の下請け構造がそのまま日常生活におよんでいた。夫の社会的な地位は、そのまま妻の地位である。下請けはどこまでいっても下請けだった。それで泣かされている人が周囲にもいた。いい大人が使い走りをさせられている。なんとも前近代的に思えたが、それもまた日本の現実だった。子どものイジメとなんら変わりはない。大人がいじめるから、子どももまねをしていじめるのである。日本から派遣される社員と、現地で採用される社員のあいだには、同じ日本人でも給与をはじめとする条件面で大きな差があり、そこにも歴然たる階層があった。ぼくはこうした階層の外にいるつもりでいたが、周囲からはいちばん底辺にいると見られているらしい。「ちゃんと食べていけているのか」と真顔で心配されることもあった。

身近な人ともぎくしゃくしはじめていた。移り住む前からやりとりを重ね、村に住むきっかけとなったチェコ人もそのひとりだった。普段は外国で仕事をしていることもあり、せっかく近所に住んだというのに、会う機会はほとんどなかった。たまに会うのは、帰宅した彼がぼくのもっているものを借りに来るときだけだった。カメラ、テーブル、食器、調理器具、食材、カバン、パソコン機器、音楽のＣＤなど、とにかくありとあらゆるものを借りに来た。そのたびに、どうしてもっているのを知っているのだろうとびっくりさせられた。いつも気持ちよく貸していたが、返ってくると壊れていることがよくあった。それなのに返却時、「ここ、割れちゃったけど、テープで張って直しておいたから」と、悪びれずに言うだけで、弁償するでもない。

それでいてぼくのほうから書類の書き方などを尋ねると、そんなことは自分でやれと、露骨にいやな顔をした。だから彼にはなにも頼まなくなった。彼にしてみれば、早く自立しろということだったのかもしれない。移住したらなにか一緒に仕事ができればとまで考えていたはずなのに、だんだん没交渉になっていった。

ずいぶんと長いあいだ音信不通がつづいたある日、彼から突然、友情を確認したいという主旨のメールが届いた。ずいぶん長いメールだった。友だちだと思っていたけど、このさいはっきりさせたい、だれのおかげでチェコに移り住めたかわかっているのかと、強い調子で問いただしてきた。子どもが学校に通えるのも、この村に住めるのも、みんなおれがいなければできなかった、おまえはチェコに移り住むため、おれを利用したのだと嘆いていた。

これにはなんと返事をしてよいのか、戸惑った。きみのサポートのおかげでチェコに移り住めた、感謝していると、儀礼的な調子の短い返事を書くのが精一杯だった。弁解しようが、言い訳しようが、なんの意味もないと思った。チェコの人はたとえ言い合いになっても、言葉を重ね、お互いの気持ちを擦り合わせていくところがある。事実、彼もメールのなかで「やり直したい」と書いていた。彼はそのころ外国での仕事を失って村に戻ってきたばかりで、精神的に参っていたのかもしれない。

しかし、ぼくは黙ってしまった。黙るよりほかにどうすればよいのかわからなかった。これまで五分と五分の関係でいたつもりだった。倍返しとまでは言えないにしても、感謝を込めて、やってもらった以上のことはしてきたつもりでいた。日本的な人づきあいの考え方だろうが、メンタリティーの差なのか、気持ちは通じていない様子だった。中年同士の友だちごっこなんて、どこか無理があったのだろう。一〇代、二〇代の若者の気持ちでかかわってしまったのが、齟齬《そご》を大きくしたのだろう。なにがあってもすべてを受け入れるつもりでいたが、このときはじめて、飲み込むことがどうしてもできなかった。心にぽっかり穴が開いた。

村との別れ

プラハで暮らしながら、ことあるごとにこの地には地縁も血縁もまったくないのだと身に染みて感じた。助け合う親兄弟も、なにかと目をかけてくれるおじさんやおばさんもいない。国民ならだれもが知っているお伽話や昔話の類もほとんど知らない。それは子どもたちの勉強にも大きく影響した。外国に住むなんて、そんなものだろう。あたりまえの事実に、深い溝を感じた。

そんなぼくらに、村の人たちはさりげなく手を貸してくれた。なにかあれば助け合う、平和で、心のやさしい村だった。それでも三年も住んでいると、複雑な人間関係が見えてくる。

いつものように村の居酒屋に顔を出すと、家の住み心地はどうかと初老の女性が声をかけてきた。どうしてそんなことを聞くのだろうと訝り、快適に暮らしているとあたりさわりのない感想を伝えた。ぼくは、大家になにか頼まれたのかと勘ぐってしまったのである。彼女は微妙な笑みを浮かべ、あの家をつくったのはわたしだと言った。一九七〇年代、彼女がまだ二〇代はじめの娘盛りだったころ、暑い日も寒い日も手で煉瓦を積み、完成までに三年かかった。彼女は自分の手を広げて見せた。女性にしては、ずいぶんごつくて大きな手だった。煉瓦を積んでいるうちに、手がこんなになってしまったと、さみしそうな表情を浮かべた。

こんなこともあった。村でいちばん仲よくなった同世代の女友だちがうちに遊びに来たとき、突然、窓の外を指さし、「あの家とあの家はコミュニストだ」と言い出した。共産体制の時代を彼女は嫌悪していた。ちょっとしたことで逮捕される、抑圧された日々だった。

たしかに思い当たる節はいくらでもある。コミュニストと名指しで噂される人たちが村の行事に参加することはなく、居酒屋に顔を出すこともない。角の家に住むおばあさんもほとんど近所づきあいがないようだった。庭で花の手入れをしているので、よく顔を合わせた。挨拶すると、むこうも挨拶した。あるとき、バスで隣に座った妻に、「一度ゆっくりお話ししたかった。おたくのみなさんが挨拶してくれるから、うれしかったのよ」と、おばあさんは言った。

四〇年にわたって村を支配した社会主義は、人びとの心に暗い影を落としていた。当時いったいなにがあったのか、村の人に尋ねても要領を得ない。いつもはぐらかされている気がした。いまとなにも変わらないようであり、まったくちがうようでもあった。当時のほうがよかったという人もいれば、ひどい時代だったという人もいる。共産体制が終わって民主化したはずなのに、次に来たのはただの商業主義でしかなかったと呆れる人もいる。

みんなあまり話したがらないのは共通していた。どれだけ歴史を知識として知ったところで、それでわかったことにはならなかった。同じ時代を生きたはずなのに、ぼくのいた社会と、村の人びとのいた社会とは、あまりにちがうものだった。当時のことに興味をもてばもつほど、ぼくら一家ははるか遠くから来たよそ者でしかないのだと思い知った。家の前の小川に魚がいないのは、社会主義の時代、上流にある工場が垂れ流した排水のせいだとも村人から聞いた。

普段、アメリカに住む大家はぼくと同世代だった。共産体制が崩壊してすぐ、チェコを離れたと聞いていた。彼女にもきっといろんなことがあったのだろう。たぶんコミュニストと名指しされるひとりだった。その大家にはじめて会うことになった。家をきれいに使っているかどうかを確認したいという。家賃は遅れずに払ってきたし、とくに問題はないはずだった。それでもなにを言われるかわからないと身構え、できるだけきれいに掃除した。毎月、点検に来ては、少しでも傷がついていたら修理しろとうるさい神経質な大家がいるのを耳にしていたからだ。

大家は家のなかをざっと見ただけで、どう使っているかなど興味のない様子だった。そのあと妻を交え、一時間ほど雑談した。プラハでの暮らしぶりを話す程度で、これといって深い話にはならなかった。それから一週間して、短い文面のメールが届いた。家賃の値上げ通告だった。しかも一気に三割も上げるという。法律用語を無理に織り交ぜた、強い調子の文章だった。

高価な家具に取り巻かれているわけでも、ぜいたくな身なりをしているわけでもない。自動車もない。いったいぼくらの暮らしのなにを見て、値上げを思い立ったのか、考えあぐねた。日本人だからもっととれるなどと、だれかにそそのかされたとしか思えない。世界的な不況の影響で、多くの外国人がプラハを去った時期だった。慌ただしく帰国する日本人が相次いだ。街の雰囲気ががらりと変わったくらいである。物件がだぶつき、上がる一方だった家賃はぐんぐん下がっていた。そんななかでの値上げは、ずいぶん一方的に思えた。再考をうながす返事を書くと、値上げ幅をほんの少しだけ下げてきた。彼女なりの駆け引きらしい。それでも受け入れられないと突っぱねた。

急遽、妻と二人して不動産屋のホームページで、めぼしい家を探しはじめた。予算内の家はいくらでも見つかった。いまより条件のいい家もたくさんある。村に一軒、空き家があったが、そこは予算を大きく上回った。さっそく隣町に見つけた貸家を自転車で見に出かけ、不動産屋の友だちに貸し主と連絡するように頼んだ。隣町にはこれまで何度も行っていたし、村祭りを合同で開くなど、馴染みもある。

家は三階建ての二世帯住宅だった。大家のおばあさんが一階に住み、借りるのは二階と三階部分になる。改築したばかりのきれいな家で、これまでよりかなり広い。間取りも今風で、格段に使いやすそうだ。そのうえ、家賃は逆に三割も安くなる。いいことずくめである。新しい大家には借りたいと伝え、これまでの大家には解約の連絡をした。こうして三日も経たないうちにすべてを決着させた。あまりに素早い反応に、大家はずいぶん面食らっていた。

村を離れるのは名残惜しかった。と同時に、この村に住むのが、窮屈に感じられるようにもなっていた。このまま住んでいたいとの思いと、いつまでもここにいるのはよくないとの思いが入り混じった。年老いた自分が村の人たちとビールを飲みながら、ペタンクをする姿がありありと思い浮かんだ。それは幸せな未来図のはずだったし、そうなるのを望んでいたはずだった。

村長に引っ越すことになったと告げると、とても残念がってくれた。プラハに家族を連れてきた日、空港まで迎えに来た村長はとても頼もしく思えた。不慣れなぼくら家族を守ってくれた村から、思いもよらず独り立ちした。

娘の同級生は女優志願
Praha, Czech Republic

アルプスのヒツジ
Kurzras/Maso Corto, Italy

トラム（市電）に乗る
Praha, Czech Republic

友だち夫婦に見送られ
Brno, Czech Republic

第4章　もういちど、脱出

新しい町の生活

引っ越した隣町は、生活の便がとてもよかった。スーパーが近くに三軒あり、買い物には困らない。銀行や郵便局もある。そんなこと、東京郊外の暮らしではあたりまえだったが、村に住んでいたときは、なにをするにもプラハの中心部まで行かなくてはならず、雑用に追われた。それが一変、たいていの用事は生活圏内ですませられるようになった。

大家のおばあさんは一階に住んでいたので、なにかあればいつでも相談できた。光熱費やゴミは大家さん任せになり、仕組みがわからずに頭を抱えることはなくなった。なにかあるたびに、多くの人に頭を下げながら右往左往していたこれまでの生活が嘘のようだった。

家は戦前、おばあさんが亡くなったおじいさんと二人して建てたものだった。おばあさんは家のなかや庭に残るおじいさんの思い出をよく話してくれた。家は戦争中、ドイツ軍に接収されていた。改築のとき、屋根裏や床下にナチスのお宝が隠されているのではないかと探してみたが、なにも出てこなかったという。そこにいまは日本人家族が住んでいる。一軒の家に因縁を感じた。

庭にあるサクランボの木は家を建てた記念に植えたもので、いまでは三階建ての屋根の高さにまで大きく成長している。初夏には甘くて大粒のサクランボをたわわに実らせた。庭の片隅にはオウムのいる鳥小屋があり、その向かいに日本から連れてきたぼくらの犬のために小屋をつくった。せっかく二世帯住宅に改築したのに、息子夫婦は同居していない。嫁と姑の折り合いが悪いらしかった。地方出身の嫁がどうしてもプラハの中心部に住むといって聞かないのだと、おばあさんはよく愚痴っていた。世界のどこでも似たような問題があるわけだ。

ほとんどの人と顔見知りだった村での暮らしとはちがい、だれかと擦れちがっても挨拶することはなかった。左隣に住む人とは顔を合わせれば言葉を交わすが、いつもめかしこんで出かける右隣の老夫妻は謎めいた生活を送り、挨拶をしても返事はなかった。なにか曰くありげだった。共産党政権の幹部だったのではないかと想像を膨らませた。いかにもそんな感じなのである。

人間関係の濃い村での生活にいささか疲れていたこともあり、新しくはじまった生活はだれに干渉されることなく、気楽で心地よかった。なんだかんだいって、これまでは外国で暮らすことに、家族揃って力みすぎていたのかもしれない。

大きな変化がひとつあった。近所に年上の日本人女性が住んでいたのである。もう四〇年近くもプラハに暮らしていることもあり、よいことも悪いことも、なんでも知っていた。村に住んでいるときからの顔なじみだったが、ほどよい距離感がほかの日本人にはないところだった。数え切れないほどの苦労を重ね、そう振る舞えるようになったのだろう。ときどき妻と三人、わが家で卓袱台を囲み、お茶を飲みながら世間話をした。ぼくが経験したり、考えたことは、どれもこれも彼女がとうに経験済みのことばかりだった。

娘はどうにも手をつけられなくなっていた。帰りがいつも遅いので、大家のおばあさんも心配してくれた。学校をサボり、外泊がつづいたある日、髪の毛を茶色く染めて帰ってきた。染めたのは明らかなのに染めていないと言い張るので、怒ってその髪をばっさり切った。金遣いが荒くなり、見たことのない安物の服や鞄、アクセサリーを隠しながら使った。問いただすと友だちのだと言い訳する。遊びに来た友だちのほうは、娘の腕時計を涼しい顔して着けている。あげたのか、それとも盗まれたのかと聞くと、「あの子は自分のだと言ってる」と困ったように言う。

学校も大きな問題を抱えていた。いつのまにか学級崩壊といってもいい状態に陥っていたのである。なんとかしなければと、何度も話し合いが重ねられたが、これといった解決策はだれの口からも出てこない。担任の先生も親もなにをどうしたらよいのかわからず、おろおろするばかりである。子どもの振る舞いに手を焼いているのはどの家庭も同じだった。話し合っても無駄だと諦めたのか、父母会への出席者ががくんと減った。眼の前にある大きな問題にみんながみんな、目を背けていた。これでは日本の学校となにも変わらない。この学校に通いはじめたころに感じた風通しのよさは、いったいどこに消えてしまったのだろう。

なにもかもが無茶苦茶だった。年齢的なものもあるのだろうが、度を越している。親としては、それが子どもに自由を教えた当然の報いだとは思いたくない。このまま放置するのはまずいと気づき、学校帰り、最寄りの駅まで毎日、ぼくか妻のどちらかが娘を迎えに行くことにした。不本意ながら、彼女の自由を半ば奪うことにしたのである。ほかにどうしたらよいか、なにも思い浮かばなかった。約束の時間に現れる日もあったが、授業が長引いたと言っては遅れた。それでも辛抱強く、帰りを待った。彼女を待っている存在がいつもそばにいるのを伝えたかった。

プラハの高校に進んだ息子も、「私語が多くて先生の話が聞こえない」「学校のレベルが低い」など、なにかと不満を募らせていた。女子の多い学校で、同じクラスに男子は五人しかいなかった。しかもそのうち三人がヴェトナム人というのも、やりにくそうだった。共産体制下、同じ社会主義国であることから、労働力として送り込まれたヴェトナム人がチェコには大勢住んでいる。同じアジア人だからといってその輪に入れるわけでもなく、ひとり浮いているようだ。レベルが低いと不平を言うわりに、成績がとくによいわけではない。

そんな息子に周囲の日本人は、「日本の学校のほうがすぐれている」「好きな野球をもっと楽しむべきだ」「つきあうなら日本人の女の子にしろ」と、勝手なことを吹き込んだ。ちょっとした言葉をかけられるたびに息子の心は大きく揺れ、ついには日本に帰りたいと言い出した。大人たちは言いたいことだけ言って、それきりだった。なにかフォローをするわけでもない。よかれと思って言っているのだろうが、「日本人」に引き戻そうとしているとも感じた。

こうして、子どもたちのことで、なにをどうしてやればよいのかわからない問いが、ひとつ、またひとつと増えていった。そんな日々に思い悩みながら、人恋しくなると、これまで住んでいた村にふらりと出かけた。村に住んでいたころから、この町に通じる森の小道をよく散歩していた。町に入り、古い城館で休憩してから、また村に戻るのがいつものコースだった。往復八キロあまりを、今度は町から村に行くようになった。これまでとは方向が逆なだけで、道は同じはずなのに、目にする景色はずいぶんちがうものに映った。

馴染みの居酒屋に顔を出すと、村の人たちはいつものようにぼくを迎えた。ビールを飲み交わし、ペタンクをして遊んだ。なにもかもが村に住んでいたときと同じである。なにも変わらない。それでも、大きな開発計画がもちあがり、村の人びとの意見は割れていた。それに新しい居酒屋がほかに三軒もできて、馴染みの店に以前のにぎわいはなかった。昔からなにも変わっていないと思えたこの村も、わずかのあいだに大きく様変わりしていた。

「国」を意識する

プラハの変貌に、ずっと戸惑いを覚えていた。その思いは準備のために一人で訪れたときには、すでに芽生えていた。大きな変化を目の当たりにして、実をいえば、移り住むのをやめようかと思ったくらいである。プラハよりも郊外の村での暮らしに強く惹かれたのは、そのせいもある。

やっとの思いで暮らしはじめたプラハだったが、そこはぼくの知るプラハではなかった。なんだか妙な話だが、別の街にきた違和感がつきまとった。以前訪れた街とは見た目は似ていても、中身はまったくの別物だった。その思いを隠そうとすればするほど、余計にそう確信した。変わるはずのない古い建物さえ、ちがうものに見えた。身体に染み入るほどにおいしかったビールは味がすっかり落ちた。街に住む人の印象もちがった。未来への理想を語る人はだれ一人としていなくなり、みんな自分本位になっていた。共産体制を倒した興奮なんて、遠い過去の物語だった。人は変わるものなのだと、チェコの友人は力なく笑った。

実際ぼくの知っていたプラハと、いまのプラハはちがう街だった。最初の訪問のとき、プラハは「チェコスロヴァキア社会主義共和国」の首都で、革命後に訪れたときは「チェコおよびスロヴァキア連邦共和国」になった。そのときの変化は民主化によるものだとすぐに納得できた。よい方向への変化に思えた。社会全体が民主主義とはなにかを手探りし、うねるようなエネルギーを生み出していた。

暮らしはじめたとき、チェコとスロヴァキアは別々の国になり、「チェコ共和国」と呼ばれていた。国が変わったのだから、街が変わるのも当然かもしれない。国が変われば人が変わる。人が変われば国も変わる。それも道理だろう。しかし、今度の変化はよいものばかりとは思えなかった。共産体制に奪われた自由を取り戻したのも束の間、今度はお金にふりまわされ、抑圧されている。社会主義の時代には欲しくても手に入らなかったものが、お金を出せばなんでも買える時代になった。とはいえ、お金がなければどのみち手には入らない。結果的にはなにも変わらなかったのである。社会主義も資本主義も、人びとを幸せにも豊かにもしなかったということだ。社会の変化に思い悩むぼくを見かねた妻は、自由にものを言い、行動できるようになっただけでもよかったのではないか、と言った。たしかにその通りだった。

つくろうと思っていたプラハの街案内は頓挫したままだった。プラハはプラハの心を失ったのだと感じ、気持ちがややもやしていた。ときどき思い直したように、新しいプラハをじっくり見てみたいとの気持ちに駆られた。路地から路地へと歩き回り、すり減った石畳を踏みしめた。プラハ生まれの作家カフカも丹念にこの街を歩き、物語に描き込んでいる。彼の目にした世界を見つけることは、散策の楽しみのひとつだった。

街を歩きながら、プラハはこんなにも美しかったのだと思った。小高い丘の上にそびえ立つ大きな城を中心に、川の流れが左岸と右岸の街並みを分け、完璧な構図を描き出している。百塔の街といわれるほど、数々の尖塔が空に向けてそびえ、赤い屋根瓦の街並みが広がる。これほど整った街は、世界をくまなく探しても、そうざらにはないだろう。ほかの街に出かけるたびに、プラハに住んでいることを誇りに感じた。プラハに比べてしまえば、どこもたいしたことはない。

チェコ人のなかには、プラハ城を権力の象徴だと嫌う人がいた。なるほど共産体制のときに見た城は、周囲の空気を張り詰めさせ、容易に人を近づけないきびしさを漂わせていた。城は革命で開け放たれたが、いまなお、決して過去のものではない。大統領府として使われる、権力の場だ。そこで働く人たちが職場に行くのを「城に行く」と表現しているのを聞いて、王様がいた時代と意識はなにも変わらないのだとおかしかった。城に通じる道は限られ、中世からつづく戦略的な都市構造がいまも守られている。

城を見るたびに国というものを感じ、考えさせられた。プラハに移住してからというもの、国を常に意識するようになっていた。それは、国家への帰属意識とは少しばかり性格のちがうものだった。日本で自分の住む町に対して抱いた感覚を、国に対してもったのである。国を身近に感じるのは、ぼくがひとりの外国人としてプラハに住んでいるからだった。

絶えず自分は外国人なのだと意識した。意識したくなくとも意識させられた。もちろんそれは日本人として日本に住んでいるときにはまったくなかった感覚である。文字通り、「外の国の人」

として区別され、特別扱いされた。義務を果たすことは求められても、権利はなにかと制限された。税金の支払いや、どのみちもらえるわけもない年金への加入はきびしく義務づけられても、メリットを感じる一般の健康保険には加入できない。高額だが利用に制約のある外国人向けの保険に入るしかなかった。それが外国人に対する差別かどうかは別として、区別のひとつではあった。選挙権もない。この国に住みながら国民ではないのだという事実が、逆に国を身近に感じさせた。外国人とは、どこまでいってもさかしまな存在だった。

外国人として生きることで、これまでどこか象徴的で、つかみどころのない存在だった国が、急に実体をもちはじめる気がした。日本に比べて小さな国なので、いろいろなことが見えてきた。実際、日本にいたときより、チェコでは国が身近にあった。大統領や首相、大臣ら、国の中枢にいる人を目にする機会も何度とはなくあった。言葉を交わしたこともある。みんな気さくで、決して特別な存在には思えなかった。普通の人となんら変わりはない。せいぜいその印象は学級委員である。自分の国の元首ではなく、外国人として見ることで、余計にそう感じるのだろう。いくら至近距離にいようが直接の関係がないので、権力の魔法が通じないのである。アメリカやロシアの大統領もごく間近で見た。大きな権力をもつ人にはあまり思えなかった。巧みな演出もあって、親しみやすささえ覚えた。それでも、こうした人たちは国そのものではないにしても、国のなにかを象徴する存在であるのはたしかなのである。

日本では国というものはとても遠く、近づくことのできないものだった。天皇や首相を目にする機会はぼくにはこれまで一度もなかった。住んでいる町の市長や議員すら、見かけるのは選挙期間中くらいのものである。プラハに移住したあと、日本の首相がチェコを訪れても、目にする機会は当然のようになかった。近づこうとしても、その存在は巧みに隠されていた。アメリカの大統領のように、広場で演説することもない。市民のほとんどは日本から要人がプラハに来ているのを知らぬまに滞在が終わる。その代わり、大使をはじめとする大使館員ら官僚がごく身近に現れた。官僚が日本という国を幾重にも包み込んでいる感触があった。

外国人としてこの街に住めるのは、長期滞在許可を取得しているからだった。それ以上でも、それ以下でもない。滞在許可を更新し、それが認められる限り、滞在できる。初年度は一年で更新し、それからは二年ごとになった。はじめて申請したときと同じく、自分自身を証明するさまざまな書類を用意しなくてはならなかった。準備にはなんだかんだと二カ月は要した。法律が変わったり、係官によって解釈がちがったりもした。更新を怠れば、滞在できなくなる。

五年つづけて長期滞在許可を取ると、永住権を申請できる。認められるかどうかはわからないが、とりあえず次の更新でその資格を得られる。永住権はプラハ滞在のひとつの区切りになると考えていた。どのような書類を揃えればよいのか、取得するメリットはなにかを調べはじめた。メリットがあれば、デメリットもあるはずだ。しかし、永住権という言葉の響きは、ぼくにはちょっと重たすぎる気がしていた。社会の状況がひとたび変われば、この国を追われるかもしれないとの意識が頭から離れなかった。下手をすれば、外国人というだけで殺されるかもしれない。特定の人種や民族に対するヘイトクライム（憎悪犯罪）のニュースなどを耳にするたび、人ごとにはとても思えなかった。

狡猾な罠

プラハの美術館と地方の美術館を掛け持ちで働いていた。プラハの文化新聞でも定期的に仕事をした。計画通り、移り住んで三年目にはチェコの仕事が中心になっていた。仕事の内容はどれも興味深く、こんなふうに仕事をしてみたいとの考えを実現できていた。それはとても恵まれたことのはずだった。

しかし、チェコの仕事だけでは生活できなかった。多くの時間をチェコの仕事に割きながら、収入のほとんどは日本からの仕事に頼らざるをえなかった。文化新聞は記事を好きに書けるかわりに、ごくわずかな稼ぎにしかならない。美術館の仕事も一年がかりで展覧会の準備をして、もらえるお金は二カ月の生活費に満たない額だった。しかも入金は仕事がすべて終わってからになる。それを仕事というのか、わからなくなることもあった。

それでも仕事の中身は新鮮で、やりがいを感じた。文化新聞は日本にはない内容を扱っており、それだけで刺激的だった。メディアはこうあるべきだなどという理想を感じたりもした。売り上げ部数を考えれば、台所事情は十分に理解できる。定期刊行をつづけているだけでも奇跡だと思い、参加すること自体を楽しんだ。美術館にしても、同じようなものだった。大使館職員からのすすめもあって、大幅に不足する展覧会の必要経費を、日本からの助成金で補おうとした。しかし、申請書を作成するだけでもたいへんな作業だった。助成金とは書類をつくる手間賃ではないかと思えたほどである。しかも苦労して申請したからといって、採択される保証はない。勝手がわからず、コネもなく、助成金をあきらめて手弁当で取り組んだ。

展覧会の準備が整ったころ、館長代理に呼び出された。一緒に仕事をしてきたスタッフも同行してくれた。毎日のように足を運んできた仕事の支払いがようやくあるのだろうと、喜び勇んで出かけた。正式雇用を打診するいい機会だと、スタッフは耳打ちしてきた。質素な扉を開けると、ずいぶん立派な部屋が広がった。明るい未来への扉を開けた気がした。応接室で革張りの椅子に座って待っていると、これまで会ったことのない男が現れた。冷たい目でぼくをにらみつけると、お金は払えないと手短に言い放った。そして、そもそも不法就労ではないのかと、いまさらながらに聞いてきた。ぼくと目を合わせないように、男の目は泳いでいた。

思ってもいない展開だった。働いた仕事に対する正当な報酬のはずである。いくらなんでもそれはないだろうと食い下がった。スタッフも呆れ顔で男をたしなめた。すると男は三分の二に減額するか、展覧会を中止するかのどちらかだと改めて迫ってきた。すでに準備は終わり、開会を待つだけである。見合わせるなんてとんでもない。そんなことをしたら、多くの人に迷惑をかけてしまう。かといって報酬を減らされる筋合いもない。説明を求めても、男は二つのうちのどちらかだと言うだけで、口をつぐんだ。

最後の最後、ぎりぎりのタイミングになってこんなことを言い出すえげつなさに、はらわたが煮えくりかえった。怪しげな会社ならいざ知らず、美術館という公共施設が、どうして思いもしていなかった不当な仕打ちをするのか、にわかには信じられなかった。約束は約束のはずである。しかし、減額を受け入れ、展覧会を開くほかに選択肢はなさそうだった。いやな思いをするのはぼく一人でたくさんだ。

それでもなお、美術館のことを信じた。別の展覧会の仕事も進行中で、降りるわけにもいかない。それに、どんなことがあっても受け入れると、移り住んだときに決めたのだ。とにかく慎重に行動し、相手の言い分をうのみにせず、警戒を怠らないようにした。信用しきって、きちんと契約書を交わさなかった自分にも非はあると思い、今度は契約書をとりかわした。落ち度はないはずだった。しかし、またしても狡猾な罠にはめられた。

展覧会が終わっても、支払いはいっこうになかった。責任者に相談しても、のらりくらりとかわされるばかりで埒があかない。ひと月が過ぎ、またひと月が過ぎ、とうとう半年が過ぎたころ、ぼくに対する支払いは一切ないとの連絡が美術館スタッフから入った。理由はぼくが外国人だからだという。契約書を交わしたはずだと反論すると、あくまであれは仮のものだと突っぱねられた。どういう意味か、よくわからなかった。契約書は契約書のはずである。それがただの紙切れの意味しかなさない。

外国人だから支払えないとの理由に、ぼくの存在を根底から否定されている気がした。さすがに今回ばかりは許しがたい。契約書を盾に訴訟を起こせと焚きつける人がいた。争ったところで到底、勝ち目はないと言う人がいた。外国で働くたくさんのチェコ人が騙され、ただ働きをしてきたのだから五分五分だと言う人もいた。もちろんそれはぼくには関係のないことである。

しばらくして、板挟みにあったスタッフが動いてくれたのか、報酬を払うと言ってきた。しかし、契約書にあった金額の六分の一にまで減額されていた。どうしてそういう計算になるのかはわからない。新しい契約書に署名するのを条件に支払うと言い渡された。最初の契約書を破棄してしまえば証拠は残らない。ここまで露骨な目に遭うと、なにも言えなくなる。どうすればよいのかさんざん悩んだ。懇意にしてきたスタッフも実はグルだったのではないかと勘ぐると、余計に腹が立った。お人好しのぼくを、妻は「もっとしっかり」と声にならない声で励ました。しかし、どうにもなりそうにない。ここでもまた受け入れるしかなかった。渋々新しい契約書に署名して送り返した。すべてを終わりにしてしまいたかった。

ほどなく、お金は警備に預けてあると連絡があり、受け取りにいった。楽しくやってきたつもりでいた美術館スタッフはだれも顔を見せなかった。ゆくゆくは美術館で正式に働くことができたらと思っていただけに、なんとも惨めな気持ちだった。世界の名画が並ぶ美術館の建物が伏魔殿に見えた。プラハ城につかえた天文学者ケプラーも、皇帝からの給金をとりっぱぐれ、失意のなかで死んだのを思い出した。

それからしばらくして美術館から連絡があった。仕事の依頼だった。さすがに開いた口がふさがらない。どこまで人をばかにすれば気がすむのだろう。地方の美術館では仕事をつづけていたが、そこでも約束を反故にされた。支払いを増やすと言ったにもかかわらず、振り込まれたのはこれまでと同じ、仕事に見合わない、わずかな金額だった。

お金のために働いているつもりはないと思いながら、お金という落とし穴につまずいたのが情けなかった。契約書を交わすとき、弁護士に同席してもらうべきだったのだろうか。悪いのは美術館のはずなのに、自分の落ち度ばかりが頭に浮かんだ。そのうえ、長年つきあいのあった人を仕事に巻き込んでいたため、仲違いさせられた。美術館で仕事したのを後悔していた。なにもかもむちゃくちゃだ。

こんなことがあってからというもの、チェコを信じることが、気持ち的にまったくできなくなった。チェコの人から仕事を頼まれてもすべて断った。ほんとうに親しくしている人以外との関係も絶った。受け入れられなくなったのである。チェコという国の腹黒い正体を見た気がして、すっかり見限っていた。そもそも国なんてものを信じるのがまちがいだったのである。それは日本を離れる理由でもあったはずだ。楽園なんて世界のどこを探してもありはしないのだと、いまさらながらに気がついたりもした。

いつしかチェコの人たちと同じように、「ネヴィーム（知りません）」という言葉ばかり使うようになっていた。「知らない」「関係ない」「うざい」といったネガティブな気持ちを込め、冷たく、やる気なく、ぶっきらぼうに、なんでもこの一言で片づけるのである。これまでそう言われるたびにめげたものだが、いまではぼくも平然とこの言葉を口にしている。そして、言葉の裏にある深い諦めを感じた。このときぼくもまた子どもたちと同じように、チェコ人になっていたのかもしれない。それは移り住んだとき、自ら望んだことのはずだった。

社会主義の影

ストーカーまがいのいやがらせは、日々の気持ちに重くのしかかっていた。「中年の危機を迎え、チェコに逃げてきたブタ野郎」「負け犬のド演歌」などと囃したてられた。酒の勢いで書いているのか、悪意がにじみ出ていた。気にしたくなくとも、やはり気になる。相手がだれなのかを突き止めたかった。正体がわかれば、やめさせられるかもしれない。

汚い言葉でチェコについてのブログを書きなぐる人がいたので、もしかするとその人かもしれないと疑った。文章がよく似ていた。そこで書いている内容と、いやがらせで書いてくるコメントになにか共通点やつながりがないか、しばらく様子を探ってみた。しかし、どうもちがうらしかった。ほかにも実に多くのプラハ在住者がブログを開設し、日々の生活を綴っていた。自慢したり、愚痴ったり、同じ街の住人から見ると不思議なほど赤裸々だった。みんな匿名だが、小さな街なので、だれがブログ主か見当のつくものもあった。

いやがらせは日本語だけではなかった。英語、チェコ語、フランス語、ドイツ語、ロシア語、ラテン語など、実に幅広い言葉で綴られた。もちろんそんなにたくさんの、さまざまな国の人が書き込んでいるわけではないだろう。日本人の英語の下手さを巧みに揶揄する書き方に、語学の知識が豊かなことをうかがわせた。そんなことから、いやがらせをしているのは一人で、日本人ではなく、日本語のできるチェコ人だと思い至った。

そして、矢継ぎ早に書き込む内容から、一人の人間の顔がくっきり浮かび上がってきた。その人でないと知りえないことが書かれていたからである。かれこれ二〇年来の知り合いだった。共産体制のときはチェコの役人をしていた。プラハに住む準備をはじめたときも何度かやりとりを交わし、励ましと助言をもらった。所有する部屋をただで貸すとさえ言ってきた。しかし、プラハに暮らしはじめてからは、ぱたりと返事が来なくなり、会う機会もなかった。気になって人づてに聞いてみると、ぼくがチェコ語の勉強をきちんとしないまま家族を連れて移り住んだので、怒っているらしい。本人は日本で仕事をするために、必死の思いで日本語の勉強をしたそうだ。

確証があるわけではなかった。だから知り合いが彼から受け取ったメールと、いやがらせのコメントの発信元が一致しているのがわかったときは残念だった。かんちがいであって欲しいと、心のどこかで願っていた。これまでぼくが受けてきたストーカー行為を、証拠を揃えて警察に相談しようかと考えた。弁護士を頼み、裁判に訴えるのもいい。しかし、追い詰めたくなる衝動を抑え、思いとどまった。だれが書いたのかわかれば、もうそれでよかった。なんだか彼のことが憐れで仕方なかった。人に対してそんないやらしい感情を抱いたのは、生まれてこの方、はじめてである。これから先もおそらくないだろう。突き詰めて考えれば、その人個人に対する憐れみというより、社会主義の影を引きずる社会に対する不愉快さだったのかもしれない。あの時代に生まれ育った人の、いびつな心のうちを覗いているようだった。

しかし、ストーカー行為はますます常軌を逸していった。ある朝、役所から電話があり、不法就労の疑いがあるので、調査をはじめると通告してきた。毎年きちんと必要な書類を提出してきたし、悪さをした覚えはない。長期滞在許可も取得している。心当たりがまったくないというと、役所の人は答えに窮したのか、密告があったことを漏らした。ストーカーがついに実力行使に出たのかと思い、ぞっとした。

周囲の人に相談すると、このままではコンクリートで固められ、湖に沈められると忠告された。密告はその警告だという。脅し屋を雇ってはどうかと言い出す人がいた。そんな商売があるのかとびっくりした。殺し屋も紹介できると不敵に笑う。報酬はそれほど高いものではないらしい。冗談とは思えなかった。マフィアの影がちらつく。映画かドラマの世界に紛れ込んだようだった。悪い夢を見ているとしか思えない。妻は子どもたちになにかあったらどうするのかと青ざめた。この先どうするのか、夫婦のあいだで言い合いが絶えなくなった。

ここまで恨まれる覚えはまったくない。するとあるチェコの友人が、チェコ人はたとえわずかな額でも、外国人がプラハでお金を稼ぐのがいやなのだと、したり顔で説明した。チェコは釣った魚には餌を与えない国だという人もいた。たしかにぼくはまんまと釣られた魚なのかもしれない。なにをどう解釈したらよいのかわからず、誇大妄想狂にでもなった気がした。しかし、残念ながらどれも紛れもない現実だった。

共産体制下のチェコは密告社会だった。隣人は互いを監視し合い、なにか疑わしいことがあれば密告した。帰宅時間が遅い。外国の音楽を聴いている。外国人と会っている。いまから考えれば些末に思えることも、密告の対象になった。当然のように隣人同士は仲が悪かった。友だちを裏切り、夫婦さえ例外ではない。友情も恋愛も、たやすく手にできるものではなかった。密告して点数稼ぎをすれば、希望する学校に進学できたり、望みの仕事に就ける可能性がいくらかでも高まる。出世が早まるかもしれない。電話線を引く順番が早く回ってきたり、何年も待たなくては手に入らない自動車が買える。たかがそんなことで、と思うのだが、ねたみや恨み、嫉妬も密告の立派な動機だった。ゲーム感覚もあっただろう。それでだれかが逮捕され、投獄され、強制労働をさせられた。仕事を失い、将来を閉ざされ、一生を台なしにする人がいた。よくわからない罪で処刑された人もいる。そういう国だったのである。

共産体制が崩壊し、民主化が進むと、秘密警察への協力者は要職に就けなくなった。そうした人たちの名前はいまでも簡単に調べられる。なかば冗談のつもりで、何人か検索してみた。結果に啞然とした。冗談ではとてもすまされるものではなかった。ストーカーをしてくる元役人も、仲違いした村の知り合いの名前もあった。日本人の知人もいた。やはりそうだったのかと思う人がいれば、あの人もそうだったのかと驚かされる人がいた。社会主義の時代にチェコの出版社に転職していたら、ぼくもまた協力者と呼ばれていたのかもしれない。

体制としての社会主義や共産主義がなんだったのかとの問いは、長らくぼくのチェコに対する大きな関心事になっていた。子どものころ、たしかに存在したもうひとつの世界を知りたかった。それはぼくがいるはずの民主主義の世界がなんなのか、よくわからなくなっていたからでもある。民主主義はなにかと子どもに聞かれ、多数決と答えながらも矛盾を感じた。少数意見が黙殺される多数決が民主主義なわけがないと、いまの政治や社会を見て疑問に思っていた。

チェコの人たちに社会主義のことを聞くと、古き良き時代という人もいれば、自由のない時代という人もいる。体験した人でないとわからない、不可思議な世界と説明する人もいる。しかし、密告されてからというもの、そんなことはもうどうでもよくなった。ぼくはただ、この国のもつ社会主義の過去に、ひどくおびえていた。奔放なまでの自由の裏に潜む深い闇に、足を引きずりこまれる気がした。このままではいつか逮捕され、裁判にかけられることになる。どんな濡れ衣を着せられるかわかったものではない。外国人を逮捕する理由なんて、いくらでも見つけられるだろう。無実の罪で処刑される夢にうなされた。それでいて、どことなく、小さな温泉町で地回りのヤクザと揉めているだけの、ちんけな感じがつきまとった。

ここにきて「Welcome to the Machine」とストーカーが最初に書き込んだ意味がようやくわかった。マシンとはチェコという国そのものだったのである。

潮時を感じる

プラハに住む日本人に会うと、決まってだれかが、チェコの人やプラハの街を悪く言い出した。あこがれの街に住んではみたものの、こんなはずではなかったと嘆くのである。チェコの社会にうまく馴染めず、反感を抱く人がいた。美しいこの街に住めるのを感謝しなくてはいけないと言う人もいた。そういう人に限って、より深い憎悪を街に抱いているように感じられた。

それはチェコ人にしても同じだった。日系企業で働くチェコ人には、日本や日本人のことをあしざまに言う人がいた。仕事の能力を見下し、語学力のなさをばかにする。会社の風通しが悪く、チェコ人が状況をよくしようといくら動いたところで、なにも起こらず、なにも変わらない。日本という幻想も、チェコという幻想も、遅かれ早かれ失望へと変わっていく。そこには歩み寄れない深い溝があった。いちど崩れたものを取り戻すのはとてもむずかしいことだった。

好きこのんで移り住んだのだから、悪口を言ったらおしまいだと、ずっと聞き流してきた。しかし、だんだんそれができなくなり、いつしか我慢の限界を超えていた。気づくとぼくもまたチェコを悪く言うようになった。冗談交じりの悪口が酒の肴だった。日本人に会えば愚痴を言い、慰め合う。異国でのやりきれない思いを言葉にするのが、せめてもの救いだった。もしまちがっているなら、教えてほしい。プラハに住むほかの国の人たちにもチェコへの疑念を質してみた。多くの人がぼくに同意した。プラハは排外主義的な面が強く、住みにくい街だと多くの人が感じていた。チェコはチェコ人のための国なのだ。

プラハは昔から、人間関係に不思議なバイアスのかかる街だった。宗教をめぐって、言語をめぐって、民族をめぐって、絶えず調和と対立を繰り返してきた。ヨーロッパのほぼ中央に位置し、西と東の交錯点にあたる地理的な条件がつくりあげた性格なのだろう。さすが「ヨーロッパの魔術的な首都」と形容されるだけはある。しかし、長らくこの街に住んだユダヤ人が虐殺され、ドイツ人は追放され、チェコ人だけが残った。ドイツ人の文化も、ユダヤ人の文化も、いつしかチェコの歴史の一部になっていた。

語学学校で一緒だったドイツ人と久しぶりに会ったとき、いつものように互いの近況を報告し合った。彼は腕のいい修復職人で、ヨーロッパ中の古城や宮殿を渡り歩いている。このところなにひとつよいことのないぼくは、鬱屈した心の内を彼にぶつけた。彼と知り合ったころの新鮮な気持ちは、もうどこにもなかった。

ぼくがチェコを悪く言うと、彼の連れてきたチェコ人のガールフレンドは不機嫌な顔をして反論した。自分の国を外国人に悪く言われるなんて、だれしもいい気はしないだろう。わかってはいても、ぼくは聞いてもらいたかった。これからどうすればよいのか、わからなくなっていた。

友だちは相づちを打ちながら、ぼくの話を黙って聞いていた。何杯目かのジョッキを飲み干したとき、明日からドイツに一緒に行こうと誘ってきた。仕事のついでがあるので、二人で旅して回ろうというのである。思いもかけない誘いに、心がはずんだ。プラハに移住してからというもの、この街にいることに満足し、どこかほかの国に行くことはほとんどなかった。どこよりもプラハがよかったからである。それに、各地を旅行したいと思ってもその余裕はなく、余計にそう思い込もうとしていた。

友だちの運転する自動車で国境を越えたとき、チェコの隣はドイツなのだと、あたりまえだと思っていた事実をとても新鮮に感じた。日本という島国に生まれ育ったこともあり、これまでプラハを陸の孤島かなにかだととらえていたのである。ドイツの街で店を覗くと、ドイツ製ならではの質のよい商品がたくさん並んでいた。ないものねだりをしても仕方がないと思いながら、うらやましかった。プラハでは、電球を替えてもすぐに切れた。紙質の悪いトイレットペーパーは巻きがあまく、すぐになくなった。だからといって値段は安くない。社会主義の時代がまだつづいているかのような生活に疲れ果てていた。

いくつかの街をぶらぶら歩いてまわり、地ビールを飲んだり、名物料理を食べたりしながら、とくになにをするわけでもなく、二人の旅は過ぎていった。夜はドイツ人の友だちの家をはしごして泊めてもらった。彼はいつも、こうしてお金をかけずに旅をするのだそうだ。ベルリンにも学生のとき以来、二五年ぶりに訪れた。当時はまだ街が壁で分断され、西と東に分かれていた。淫靡で退廃的な西ベルリンと、戦争の爪痕が随所に残る東ベルリンが、見事なまでに対比を描いていた。旧西ドイツの出身だとばかり思っていた友だちが東ベルリンに生まれ育ったのを、このときはじめて知った。隠していたわけではないのだろうが、彼もまた共産体制下の社会を、骨に深く刻むほど知っていたのだ。

昼間、彼が仕事をしているあいだ、おぼろげな記憶をたどり、ベルリンの街をひとりで歩いてみた。壁がなくなったことで街は大きく様変わりしていた。記憶の風景と一致せず、方角さえ把握できない。駅前にたむろしていた娼婦も売人も姿を消し、ありふれた都会の景色が広がっている。途方に暮れ、街を一周する観光バスに乗った。そんなことをするのは生まれてはじめてだった。バスの窓からかつてぼくが赤いペンキで「Japan」と気まぐれに落書きした壁の跡や、検問所の跡などの〝史跡〟をぼんやり眺めた。すべてはとうの昔に歴史になっていた。

友だちがどうしてぼくを旅に連れ出したのか、次第にわかってくる気がした。ぼくはプラハにこだわることで、いつしか狭い世界に囚われていたのである。こだわりながらもいやになり、それでいて抜け出せないでいる。ぼくはすっかり心を閉ざし、すべてのことに対して疑いの眼差しを向けた。近寄ってくる者はだれであれ遠ざけた。

石造りの古い街に閉じこもっているうちに、ぼくは毒虫に変身していたのだ。突然逮捕されるのではないかと怯え、奇怪な処刑マシンを眼前に見た。ぼくのために開かれている門の向こう側に、どうしても入ることができないままでいる。これではまるでカフカの世界そのものではないか。カフカの書いたのは空想でもなんでもなく、プラハの社会そのものだった。

この地に一生、住むつもりでいたが、ドイツから帰ってからというもの、その気持ちが揺らぎ、プラハを出ようかと考えはじめた。それは旅のもたらした大きな変化だった。日本を離れて家族で外国に住む当初の目的はもう十分に達していた。お金も底をついてきた。ちょうどよい潮時かもしれない。棄国してもその多くは、きっとこうしていくつもの言い訳を考えながら異国での生活を終わらせ、街に対する愛憎をひた隠しながら日本に帰国するのだろう。

四年目の選択

プラハを離れるとはいっても、すべては漠然としていた。ちょうど日本を離れ、外国で暮らそうなどと考えはじめたときと同じである。半ば冗談のつもりで、次はベルリンかパリに引っ越そうかと、家族に告げた。子どもはふたりともドイツ語で勉強するのはいやだと、ベルリン案には反対した。パリはなぜかいいらしい。

とはいえ、娘の中学卒業まであと一年半近くある。仲よくなった同級生と一緒に、きちんと卒業させてやりたい。長期滞在許可もちょうどそのくらいまではもつ。それまでに今後どうするかを決めればいいはずだった。しかし、大家から家を売りに出すとの連絡があり、急遽、考えを改める必要が出てきた。賃貸契約の切れる半年後に、更新せずに家を明け渡さなくてはならなくなったのである。どうやら大家の息子が事業に失敗したらしいのだが、これにはさすがに慌てた。家探しをはじめてみたものの、引っ越してまだ間もないこともあり、身が入らなかった。

それからしばらくして、プラハに移り住む動機になった老写真家が亡くなった。ぼくにとってはチェコの父のような存在だった。城の裏手にある彼の家に立ち寄っては、とりとめのない話をした。それはとても貴重なひとときで、多くのことを学び、教えられ、考えさせられた。彼を見習い、大きなものに依存したりせず、自分の足で立って生きたかった。作品が世界的に認められてからも生活は決して楽ではなさそうだったが、信念をもってつつましやかに生きていた。夫婦で力を合わせて、三人の子どもを育て上げた。ユーモアにあふれ、生き方そのものが素敵だった。

葬儀の帰り道、急に街が白々しく、見知らぬ場所に見えていた。そして、これ以上ここにいる意味はもうない、すべては終わったのだと悟った。老写真家の死は、ぼくとプラハを結ぶ、たった一本の糸をぷつんと切ったのである。それが四年計画のまとめの年に下した選択だった。計画を考えていたときは、まさかこんな結末になるとは思いもしなかった。密告の件で呼び出された役所で「ここに住んでいたいのだろう」と問い詰められても、「そんなことはない」ときっぱり言い返した。チェコに来て四度目の長く、きびしい冬はまだはじまったばかりだった。

歯車は決して悪い方向にばかり回っているわけではなかった。ようやく日本の持ち家を処分できたのは、よい方向への動きのひとつだった。買ったときよりもかなり安くはなったが、住宅ローンを清算することができ、肩の荷が下りた。

新しい出会いもあった。それがこの先の流れを大きく変えるとは、そのときは思いもしなかった。その人はスロヴァキアの役人で、人から紹介されて知り合った。スロヴァキアといえば、もともとチェコと一緒だった隣国である。何度か行ったことはあるが、影は薄く、チェコに比べて遅れた地域との印象しかなかった。首都のブラチスラヴァはとくに見所もなく、魅力を感じていなかった。だからドイツやフランスに移り住むことは考えられても、スロヴァキアは思いつきもしなかった。

役人は人当たりが柔らかく、すぐに打ち解けた。これまで会ったチェコの役人が居丈高な人ばかりだったのもあり、この親しみやすさは意外だった。折角の機会なので、スロヴァキアについて教えてもらおうと、改めて会う約束を取りつけた。

それからあれこれ考えているうちに、ひさしぶりにぼくの突然病がはじまった。ブラチスラヴァに住むのもいいのではないかと思ったのである。妻に相談すると反対はせず、子どもの身になって考えてほしいとだけ口にした。言われるまでもなく、スロヴァキアがいいと思ったのは、なにより子どもたちの言葉のためだった。フランス語やドイツ語だとまた一から勉強しなくてはならないが、チェコ語とスロヴァキア語はよく似ている。子どもたちも学校であまり苦労せずにすむだろう。インフレの進むプラハに比べ、物価も安い印象がある。公的な立場にある人の後ろだてを得られれば、なにか理不尽な目にあったときには相談できる。プラハでは問題が山積しても、だれにも相談できず、すべてを一人で抱え込むしかなかった。なにひとつ解決できないまま、ずるずる引きずってばかりいた。ちょうど家を処分して残ったお金が、引っ越し資金くらいはあったので、経済的にもいい時機だった。

役人とスロヴァキアについてとりとめのない話をしながら、おもむろにブラチスラヴァに引っ越す考えを切り出した。彼はぼくの申し出に喜び、協力を約束してくれた。歯車がどんどん嚙みあい、前へ前へと進みはじめた。歯車は狂っていたのではなく、ギアを変えようとしていただけなのかもしれない。偶然の出会いにより、新たな道が目の前に開けてきた。

いちばんの懸念は長期滞在許可の取得と、子どもたちの学校のことだった。とりわけ学校は気がかりである。二人ともプラハの学校でもがき苦しんでいた。娘の学校では学級崩壊の混乱を嫌い、転校する生徒が出てきた。実際、転校させるしか、危機的な状態から娘を救い出す道はないとぼくも考えていた。よくなることが望めないのなら、いっそ消えてしまったほうがいい。

役人と頻繁にやりとりを重ねながら、問題を一つひとつ解決していった。簡単なこともあれば、むずかしいこともあった。長期滞在許可はやはりそう簡単にはいかないようだが、あとあと問題にならないかたちにしたかった。家探しもはじめてみた。プラハより家賃相場が高く、希望通りの家がすぐに見つからないのは大きな誤算だった。

学校と交渉するため、妻と子どもを連れ、ブラチスラヴァに出かけた。ぼく以外の三人にとっては、はじめての訪問である。言葉が通じないかもしれないと不安がっていたが、実際にスロヴァキアの人と話してみてそれが思い過ごしだとわかり、子どもたちは顔をほころばせていた。交渉の末、息子は転校手続きだけで、希望の高校に進めることになった。言葉の問題があるので、一学年下からはじめるのが条件だった。娘はシュタイナー学校に通っているのが大きな障壁となった。校長先生は、シュタイナー教育は勉強が大幅に遅れていると疑っていた。なかでもスロヴァキア語と数学を気にしていた。的確な評価だと思った。

とても入学は認められそうにない雰囲気だったが、娘は意を決したように口を開き、強気に自分の考えを主張しはじめた。学校に行けなくなるかもしれないとの焦りが、彼女を奮い立たせていた。その姿を見て校長先生もようやく納得し、日本の中学校二年生に相当する八年生をもう一度やることで入学を認めた。プラハの学校に入学するときも一年落としていたので、普通より二年遅れることになるが、スロヴァキアでは決して特別ではなかった。

学校と交渉する子どもたちの姿を横で見ていて、プラハで過ごした四年間は無駄ではなかったと感じた。進路は親が決めるのではなく、社会が与えるのでもなく、自分で切り開いていくしかないのである。

そんな子どもたちに比べ、ぼくは相変わらず目先の雑事に振り回されていた。考えていることはなにひとつかたちにできないまま、プラハでの最後の日々が過ぎていった。

たしかな証

なんとかプラハの街で生きていこうとしながら、ずっとチェコという国と戦っていた気がする。よいこともあったが、悪いこともあった。いやな目にもあった。少しでも前に進もうとしてきたが、結局のところ一歩も踏み出せなかった。いよいよもうだめだと感じながら、そもそも戦う意味なんてあったのだろうかと思い直した。がんばったからといって、どうなるものでもない。

ブラチスラヴァに引っ越すのは、ごく身近な人にだけ伝えた。チェコからスロヴァキアへ、すっと消え入るように去りたかった。外国人なんて、もともといてもいなくても同じ存在だ。いなくなったとしても、だれも気づくことはない。

娘の学校には、仕事の都合で引っ越すと伝えた。卒業まで見届けたい担任はなんとか引きとめようとし、下宿を世話するとまで言ってくれた。しかし、このままプラハにいたら、娘は落ちるところまで落ちてしまうだろう。問題は娘にあり、親であるぼくにあるのは重々承知していた。外国で暮らすほんとうのむずかしさをぼく自身、きちんと理解していなかった。それをうまく子どもたちに伝えられないできた。

ぼくらがブラチスラヴァに引っ越すことに対し、チェコの人たちはとても微妙で、複雑な反応を示した。あんなところにいったいなにがあるのだと、嘲られた。プラハが恋しくなり、すぐに舞い戻るだろうと予言する人もいた。プラハに住む多くの人がスロヴァキアを見下していた。スロヴァキア人でさえ、プラハのほうがいいと言ってはばからない。

息子をよく知る担任の先生だけは見方がちがった。プラハよりもブラチスラヴァのほうが落ち着いて、しっかり勉強できると賛成したのである。プラハの人は意地悪で、勉強する環境ではないと手きびしい。たしかに高校の父母会に出るたび、わが子さえよければいいと言わんばかりのぎすぎすとした雰囲気に圧倒されたものだ。子どもたちの教育環境をよい方向に変えたいとの願いが強かっただけに、先生の反応は心強かった。

しかし、子どもたちの心は大きく揺れていた。先生の後押しもあり、息子ははじめ乗り気だった。はしゃいでさえいた。しかし、ある日突然、日本に帰り、日本の高校で勉強したいと言い出した。外国語で授業を受けるのはもう疲れたのだという。新たにスロヴァキア語を学ぶなんてうんざりだとふてくされた。プラハに住む日本人からの入れ知恵らしかった。娘はさらに心配で、気が気ではなかった。反発してますます荒れ、家出でもしかねない。いつもとても悲しい顔をしていた。やっとの思いで言葉を習得し、社会になじめたというのに、あまりにひどい。そう訴えていた。

引っ越すのを知ると、おおぜいの友だちが手を貸してくれた。段ボール箱を集めてもってきてくれる人がいれば、引っ越し業者を探してくれる人がいた。荷物はいつのまにか増え、大きなトラックを頼まなくてはいけないほどになっていた。日本に帰る人が、捨てるに捨てられないからと譲ってくれた家具がたくさんあった。トラックは、仕事先だった美術館のスタッフのひとりが手配した。おかげで破格の値段で引っ越しできた。いとも簡単に切れてしまう関係もあれば、切っても切れない関係もある。

引っ越し当日も、多くの友だちが手伝いに来た。みんな嫌な顔ひとつ見せず、荷物を運び、後片づけをした。こうした人の存在こそ、ぼくが地べたを這いずるようにプラハで生きてきた、なによりの証だった。もう長いこと一人で戦っている気がしていたけれども、これだけ多くの人に支えられていたのだ。家族だけで引っ越すなんて、とてもできなかった。

プラハでの生活をはじめたとき、知り合いはわずかしかいなかった。それから四年、気の置けない仲間がいつのまにか増えていた。家族ぐるみでつきあい、なにかと助け合ってきた。義兄弟のようなつながりを感じる人もいる。若い人たちも多かった。日本人であろうと、ほかの国の人であろうと、血の通うつきあいであることに変わりはない。

プラハを去るのに必要な手続きは、チェコの人の手を借りた。密告の問題もその人に託した。プラハチェコ人の世界はチェコ人に任せるのがいちばんだと、最後の最後になって気がついた。プラハにふたたび住めるようにする方法もあったが、戻る気にはなれなかった。引っ越す前日、最初に住んだ村に家族で顔を出した。いちばん仲良くなった友だちに引っ越すのを伝え、しんみり話をした。彼女の夫はイギリス人だが、イギリスの階級制度を気にせずに暮らせるプラハは、彼にとってはとても住みやすい街だと言う。外国人として生きることを選ぶ事情は、その人その人、その国その国にある。ぼくにはプラハという街が合わなかっただけで、プラハがいいという人もたくさんいるだろう。ただそれだけのことだ。

引っ越しの朝、大家のおばあさんを囲んで家族写真を家の前で撮った。住んだのはわずか一年だが、いろんなことがあったせいか、ずいぶん長く感じられた。近所の人たちが道ばたで立ち話をしながら、様子を遠まきに見ている。日本人が引っ越すと噂しているのだろう。顔も名前も知らない人たちだった。ブラチスラヴァまでは、チェコの若い友だちが車で送ってくれた。犬と、プラハで飼いはじめたうさぎも一緒だった。日本から連れてきたうさぎは一〇歳まで生きて、チェコの大地に眠った。今度は友だちの古いチェコ製の自動車がノアの方舟になった。

これまで何度も通った川沿いの道から街の中心部を抜け、プラハをあとにした。街を離れることになんの感慨もなかった。別に悲しくもさびしくもなく、かといって楽しくもうれしくもない。自分でも驚くほど、淡々としていた。やるだけのことをやったとの思いが強かった。なんの未練もない。それでも、チェコとスロヴァキアの国境を越えたときは、腹の底から笑いがこみ上げてきた。苦労して築こうとしてきたものを、自分でぶち壊したからである。なにか得体の知れないものから逃げ果せて、せいせいしていた。地続きのヨーロッパでは、むかしからなにかあるとこうして人びとは勝手に逃げ出したのだと実感した。日本を棄て、チェコを棄て、ぼくはまた新たな国に向かった。いったいぼくはなにを求めているのだろう。

大統領の背中
Praha, Czech Republic

社会主義の廃墟
Bratislava, Slovakia

村祭りの仮装
Praha-západ, Czech Republic

オクトーバーフェスト
München, Germany

第5章　引きこもり

目的を見失う日々

ブラチスラヴァで暮らしはじめた家は、キノコみたいなかたちをしていた。この街にはよく似た家がたくさんある。片道二車線の大きな通り沿いにぽつんと一軒、建っていた。左隣に家はなく、その隣は煉瓦の崩れた廃屋、右隣は空き事務所で、道を隔てた向かいに四階建ての新しいマンションがある。隣家というものがない、街なかの一軒家だった。これまで住んだのが森に囲まれた村だったり、閑静な住宅街だったこともあり、住環境は大きく様変わりした。近所に住む大家はペンキ屋で、年のころはぼくら夫婦と同じだった。

この家を見つけるまで、ずいぶん苦労した。不動産屋のホームページでよさそうな家を見つけては地図で場所を調べ、子どもの通学時間にどのくらいかかるかを確認した。できるだけ学校に近い家にしたいと思うのだが、土地勘がないので手間取った。新しい生活を想像するのは楽しいものの、三カ月近く探しても予算内の家が見つからず、だんだんうんざりしてきた。問い合わせるといつも契約ずみで、手ごろな物件はどれもおとり広告ではないかと疑った。

やっとの思いで見つけた家の住み心地は、不思議と落ち着いたものだった。窓から見える景色は日本とたいして変わらず、マンションや団地が建ち並び、家の前を自動車がひっきりなしに往来している。ときどきオートバイが大きな音を立てて走り抜け、トラックが通ると家が揺れた。通勤ラッシュ時の渋滞はひどいもので、無理に合流する自動車に向けたクラクションが鳴り響く。いままでの静かな暮らしとは一変したが、不快ではなかった。東京都下の街によく似た雰囲気があり、外国に住んでいる感じがしなかった。

プラハには、さまざまな夢と期待を膨らませ、移り住んだ。いろんな可能性があると信じた。美しい街を誇りにした。しかし、ブラチスラヴァには正直なんの期待もしていなかった。夢も幻想もない。なんのために移り住んだのか、動機さえ曖昧で、目的を見出せずにいた。これからここでなにをするのか、まったくなにも思いつかないのである。美術館で仕事をする気にはなれないし、外国のメディアで仕事をすることにも新鮮味を感じなかった。

街にもこれといった興味をもてずにいた。この街で自慢できるものなんて、なにひとつ思い浮かばない。華のない、冴えない街だった。パネラークと呼ばれる巨大な団地群が見渡す限りに建ち並び、共産体制の残したむごたらしい爪痕ばかりが目につく。

プラハの人たちはそんなブラチスラヴァを「村」と揶揄した。二〇〇九年のユーロ導入まで、コルナというチェコと同じ貨幣単位を使いながら、二割ほど低い価値に甘んじていた。それが両国の関係を端的に物語っていた。ぼく自身、プラハに住んでいるあいだ、この街を見下していたところがある。共産体制のときに訪れた記憶をたぐりよせて比べても、当時と状況はたいして変わらず、時間が止まっているかのようだった。

ブラチスラヴァも、スロヴァキアも、なにも知らなかった。地理も不案内なら、歴史も詳しくはわからない。チェコスロヴァキアなら少しは知っているつもりでいても、それはあくまでプラハを中心とした世界である。スロヴァキアについて知っているのは、長らくハンガリーの支配下に置かれ、一時期ブラチスラヴァがその都になったこと。ハンガリーの圧政を嫌い、多くのスロヴァキア人が移民したこと。第一次世界大戦後にチェコスロヴァキアとして独立し、さらに共産体制が崩壊してチェコとスロヴァキアに分かれたこと。それくらいのものだった。

ただひとつだけ、子どもたちの心を落ち着かせるのに、魅力のないこの街はむしろよい選択だとは予感していた。なにもないので、勉強に集中できると単純に考えたのである。それだけは確信めいたものがあった。プラハで身につけた、どこか浮ついた心を落ちつかせたかった。子どもの教育環境を求め、日本、チェコ、スロヴァキアと三つの国を積極的に動いたが、結果的に「孟母三遷」という中国の故事の通りになった。三度目の正直でもある。

実際、住んでみるとブラチスラヴァはプラハより、たしかに勉強にはいい環境だった。各家庭にはきちんと門限があるらしく、友だちとどこかに遊びに出かけても、暗くなる前に帰ってきた。泊まり歩くこともなくなった。それだけでもこの街の家庭のありようが透けて見えてきた。夜な夜な街をほっつき歩く子どもの姿はまず見かけない。ぶらつこうにも、若者が好んでたむろする繁華街は、大きなショッピングモールくらいしかなかった。

しかし、引っ越してからしばらく、子どもたちは複雑な気持ちをあらわにしていた。目的を見出せないのは、子どもたちも同じだった。ちょうど夏休みがはじまったばかりで、学校に行くのは二カ月先。遊び友だちはまだひとりもいないので、家に閉じこもっていた。息子は些細なことに「知らねえ」と切れると、そのままなにを聞いても黙りこくった。娘はノートに「どうすればいいの？　私のため？　は？　ふざけるな！」と日本語で書き殴り、「人生なんてクソ食らえ。プラハのみんなに会いたい」とチェコ語で書き添えた。心からの叫びだったにちがいない。

ブラチスラヴァに住むことにしたのは、ただ一時的に外国暮らしの結末を引き延ばしているだけではないのかと、心のなかでぼくは自分を責めていた。こんなことをして、いったいなんの意味があるのだろう。かといって、プラハにはもう住みたくない。日本に戻る気にもなれない。ここしか居場所がなかった。

混乱の泥流

長期滞在許可の申請窓口がある外国人警察は、社会主義の時代につくられた巨大な団地群の谷間にあった。コンクリート打ちっ放しの、兵舎を思わせる陰気な建物だった。ブラチスラヴァでの生活をはじめてから八カ月あまりというもの、最終的に許可が下りるまで、この建物に家族で通いつめた。何度もダメ出しをくらい、延々とわけのわからないやりとりを繰り返した。だんだん精神的に追い詰められ、耳鳴りが止まらなくなるなど、身体も心も変調をきたした。

外国人警察のある地区は、団地が見渡す限りに建ち並び、どこも景色がよく似ている。それなのに道が入り組んでいるため、方角をすぐに見失った。バスの窓から外の風景を注意して見ていても、降りる停留所を何度もまちがえた。そのたびに自分がどこにいるのかわからなくなり、怖くなった。建物は上から押さえつけられて縮み、ねじ曲がり、あたりの空間を歪めている。それは決して誇張でも錯覚でもなく、ここではなにもかもがどこか変だった。机上の計画をそのままかたちにしたせいか、地図で見ると造形的な美しさがあるというのに、実際にはただわかりにくいだけなのである。いかにも社会主義の時代に生まれた街らしかった。

移り住む二カ月ほど前から、申請の準備をはじめた。基本的にはチェコと同じなので、勝手はわかっているつもりでいた。ところが、そう簡単にはいかなかった。とにかくすべてはまた一からである。懇意になった役人の指示で、まず役所に出かけた。とはいっても、そこでなにをするのかは役人にもわからない。わかっているのは、なにかをしなくてはいけないということだけである。それでいて窓口で聞くと、なにもする必要はないという。結局、今度は裁判所に行けということになった。なにをするのかは相変わらずわからない。窓口で「なにをすればよいのか教えて欲しい」と尋ねてはみたものの、なにをしにきたのかわからないのだから、もちろん相手も答えようがない。

役人に相談すると、ひとりの大学生を紹介された。彼女にアルバイトとして、申請を手伝ってもらおうと考えたのである。だからといって外国人がスロヴァキアに住むにはどうしたらよいかなど、学生が知るよしもない。混沌とした状況を目の当たりにして、彼女は何度も「この国は機能していない」と嘆いた。ついには「こんなこと、わたしの知ったことじゃない」と怒り出し、帰ってしまった。肩をいからせたうしろ姿を見送りながら、だれかを頼ろうとする悪い癖がまた出てしまったと反省した。頼るべきは自分しかいないのだ。

チェコでの経験から、裁判所でしなくてはいけないことがなにか、おおよその見当はついた。住所や名前など必要事項を書き込み、わからないなりに申請書を作成した。書類をいくつか添付する必要があるはずなのだが、それがなにか、だれに聞いてもわからない。役人に連絡すると、そのまま申請書を出せばよいとのことだった。半信半疑だったが、役人が根回しをしてくれたのだろうと思い、申請書だけ提出した。窓口の人は首をかしげつつも受け取った。

一週間後、認められているはずの申請を確認に出向いた。渡されたのは不認可の通知だった。長期滞在許可の申請に欠かせない重要な書類なので、その場に立ち尽くした。不受理の理由には、申請に必要な書類が添付されていないためとある。そして、どのような書類が必要か、一つひとつ具体的に記されていた。申請を却下されてはじめてなにが必要か、わかったのである。指示された書類を取りそろえてふたたび申請すると、今度は問題なく許可された。

手こずっているあいだに、外国人警察に出していた長期滞在許可の申請自体が、期限切れで無効になったと電話で知らされた。慌てて出向いて事情を説明すると、無効通知と、期限延長通知を同時に手渡された。ずいぶん面倒なことをするものだが、こうして行ったり来たりを繰り返しながら、なんとか長期滞在許可を取得できた。隣の窓口ではアジア系の中年男が「スロヴァキア語もわからないくせに、ここに住むな！」と罵倒されている。プラハではじめて外国人警察に出向いた日のことを、苦々しく思い出した。

それで終わったわけではない。今度は家族の滞在許可を申請するため、外国人警察通いがまたはじまった。世帯主であるぼくの許可が出て、はじめて家族の分が申請できるのである。もちろんふたたび一からだ。簡単には終わらず、毎週のように朝の五時から長い行列に並んでは、順番がくるまで五時間近く待った。アジア人が性懲りもなく横入りをしては怒鳴られている。まったくひどいものだ。人が多すぎて順番がこないまま受付が締め切られる日もあった。足りない書類を日本から取り寄せるなど、さらなるすったもんだのあげく、最後に「もうこれで放っておいてあげる」と窓口で言われた。隣に並んでいた人はそれを聞き、高笑いをはじめた。たしかに喜劇でしかないのだが、ぼくは笑うに笑えなかった。

これで万事、終わりのはずだった。しかし、突然、ぼく以外の家族の滞在許可が無効になるとの通知が外国人警察から届いた。健康診断書を提出していないのがその理由だった。チェコに四年間住んでいるので、不要だといわれた書類である。解せないものを感じながら、急いで外国人病院に出かけた。家族の分が必要であれば、当然ぼくの分も必要ではないか。提出するときに何度も念を押したが、ぼくのは断じて不要だという。疑念は晴れないものの、外国人病院の診断料はびっくりするほど高く、無駄を承知でとりあえず受けておこうとは思えなかった。提出からほどなくして、今度はぼく宛に外国人警察から特別書留郵便が届いた。長期滞在許可が無効になったので、三〇日以内にスロヴァキア国内から出るようにと書いてある。国外退去命令だった。理由は健康診断書を提出していないためとある。

いったいなにがどうなっているのか、ここまでくるとさすがによくわからない。意地悪をされているとしか思えなかった。交渉の末、すぐに健康診断を受けて提出すれば、なんとか退去命令を取り消してもらえることになった。さすがに理不尽な気持ちでいっぱいだった。ぼくら家族の身にいったいなにが起きているのか知りたくて、例の役人と会う約束をとりつけた。ふてくされるぼくの顔を見た役人は笑みを浮かべ、別になにが起きているわけではないと切り出した。だれかがぼくらを攻撃しようとしているのでも、排除しようとしているのでもない。ただ書類のやりとりを重ねていくうちに、このような事態が起こりうると言うのだ。外国人だからではなく、市民であればだれでも同じような目に遭う。それはいまにはじまったことでも、社会主義の名残でもなく、中欧を長年にわたって支配してきたハプスブルク家の伝統なので、ここに住むのなら、とにかく慣れるしかないと助言された。何百年にもわたってつづく根深いものに、いくら抗しようとしても抗しきれるものではない。

それまでぼくは、チェコやスロヴァキアで出くわす理不尽さの根っこには、共産体制や社会主義があるのではないかと考えていた。密告は秘密警察に協力しているうちに習い性になったのだと思った。友情の確認などというメールが届くのも、互いを監視し合う時代を過ごしたことで、人を容易には信じられないからだろう。だから社会主義という過去に、なにかそらおそろしいものを感じていた。しかし、ハプスブルクの時代にさかのぼるものだと言われてしまうと、喉の奥に引っかかっていたものが取れる気がした。それがたくさんの民族や言葉、文化や宗教のひしめきあう大陸で生きるということであり、歴史なのだと実感したからである。

隠れ家に引きこもる

プラハでは村の共同体に積極的にかかわり、多くの人に囲まれる生活を送った。ブラチスラヴァで家を探すときも、郊外にどこか同じようなところがないものか探してみた。あの心地よさが忘れられなかった。知り合いがいないも同然なので、また共同体に助けてもらえたらいいなどと、虫のいいことを考えていたのである。

しかし、実際に住みはじめたのは、街のど真ん中にできた隠れ家だった。高い塀に取り囲まれ、外からはなかの様子がまったくうかがい知れない。大きな鉄の門が、近寄る者を阻んでいる。そんな家を見て、最初はとても異様に思えたが、まわりの家はどこもよく似た造りだった。社会主義のころは泥棒が多かったのでこうなった。大家はそう説明した。

塀が人と人のあいだに立ちふさがり、共同体といえるものがこの地域にあるとはとても思えなかった。周囲にだれが住んでいるのか、まったく顔が見えてこない。家の回りを歩いても、人とすれちがうことさえほとんどなかった。祭りや行事がないので、人と知り合う機会もない。近隣の人は、日本人家族がこの家に住みはじめたのを知らないだろうし、たとえ知ってはいても関心をもたれてはいなかった。都会的といえば都会的だが、そういう土地柄らしい。まるでグローバリゼーションの生み出したエアポケットではないかと、ひとり満足していた。

そんな家に住みながら、ただ家と外国人警察を往復する日々がつづいた。そのほかは、どこに行くわけでも、だれに会うわけでもなく、家にいた。どこにも行きたくなかった。だれにも会いたくなかった。これといった観光名所がないので、日本から知り合いが遊びに来ることもない。親しい友だちばかりか知らない人まで、毎月のようにだれかがきていたプラハとは大きな変わりようである。

日々の生活のなかで、だれかと知り合い、親しくなるのを極力、避けていた。かかわろうともしなかった。外国人であろうと、日本人であろうと同じである。楽しく過ごしたいと思いながら、人と親しくなるのに臆していた。できるだけ人との距離を保った。国際人気取りで友だちごっこをするのも、日本人同士で愚痴を言い合うのも、もうたくさんだ。一人でいるほうがよほどましである。日本で大きな地震が起き、原発事故が起きてからというもの、ますます引きこもるようになったぼくの姿に妻は途方に暮れ、なにも言わずに見つめていた。

それではこの地に移り住んだ意味がないと思い直す日もあった。スロヴァキアを日本に伝え、日本をスロヴァキアに紹介して両国の友好に尽くすのはその端緒になるかもしれない。人は人と結びつかなければ生きてはいけないのだ。それでも、プラハで「社会参加」を考えたようには、この街に居場所を求めなかった。プラハでの苦い経験から、そんなことをして、いったいなんの意味があるのだと思っていた。スロヴァキアやブラチスラヴァの専門家になろうだとか、なにかを極めようとしたり、なにかに固執すると、必ずどこかで行き詰まる。知れば知るほどいやになる。プラハでそう思い知った。

それに国と国の架け橋になりたいなどと考えているうちは、しょせん自分本位でしかない。言葉をどう取り繕ったところで、本音では仕事にしたいとか、注目を浴びたいといった動機が潜んでいる。だから純粋に取り組もうとすればするほど、さまざまな思惑を秘めた周囲の人びととぶつかってしまうのである。

ものごとをなんでも否定的にとらえてしまうのは、外国人警察でのやりとりが長引き、どっちつかずの状況がつづいていたせいかもしれない。自分の存在が認めてもらえないのが心の重石となり、身も心もバランスを崩していた。いよいよほんとうに具合が悪くなり、病院に通いはじめた。外国に暮らすのはやはり精神的な負担が大きいのだろう。このままでは倒れてしまうと思うほどの不調を感じ、日本に行って精密検査を受けようかと考えた。スロヴァキアの病院ではいささか心もとなく、行くのがためらわれた。日本を疑いつつ、いざというときには、なんでもかんでも日本がいちばんだと考えてしまった。

プラハでは一度も病院に行かずにすんだ。健康保険に加入してはいたが、外国人専用の保険で、利用の仕方が最後までよくわからなかった。調子の悪いときは市販薬を買うしかない。健康診断も受けていない。運よく家族一同、とくに病気をすることなく過ごせたが、不安はつきまとった。

しかし、スロヴァキアでは市民と同じ健康保険に加入し、病院を普通に利用できるようになった。それは安心してこの国に住めると思わせるに十分なことだった。

スロヴァキアの病院の仕組みは日本とはずいぶんちがっていた。最初に主治医を決め、その指示で専門医に診てもらう。英語のわかる女医がぼくの主治医になった。症状を伝えると専門医にまわされ、検査や診断の結果を主治医が取りまとめていく。日本の病院では問診もそこそこに、検査にふりまわされたものだが、スロヴァキアでは人と人が向かい合っている感じがした。時間をかけ、納得いくまで問診し、診察も触診も検査もとてもていねいだった。日本ではいつも不満を覚えていた点だけに、スロヴァキアも捨てたものではない、ひょっとすると日本よりもよいのではないかと感じた。事実、スロヴァキアの人たちは、医療と教育を社会主義のすぐれた遺産として、いまも誇りにしている。商業主義では割り切れない分野だからだろう。現在も医療費は全額、健康保険でカバーされるため、病院には会計窓口がない。

診察の結果、いくつかの問題が見つかり、投薬治療がはじまった。週二日か三日は病院に通う日々だった。病院がぼくにとってスロヴァキア社会との最初の大きな接点になったのである。医師のほか、看護師や受付の人など、大勢と顔見知りになった。病院という場所柄もあり、みんなよくしてくれた。弱気になっていたぼくには、なによりの救いだった。

病院は外国人警察のある大きな団地群のはずれにあった。バスを乗り継ぎ、家から一時間ほどかかる。車窓からは市民の生活が垣間見え、いつもそれをぼんやり眺めていた。人びとの生きる日常が、ありのまま目に飛び込んでくる。大きな買い物袋をもつ人がいた。ベビーカーをかつぎあげて乗り込む人がいた。彼女に手を貸す人がいた。お年寄りの夫婦がいた。バスに乗ろうとして転んだ人がいた。それぞれの人たちの人生の一瞬があった。

仕事に追われ、寝る間を惜しんで働いていた。それを嫌い、日本を離れたというのに、結局は同じ生活を送っている。忙しさの点では、むしろひどくなっていた。生活スタイルを聞かれて答えると、主治医はそんな仕事はさっさと辞め、なにかちがう仕事に就いたほうがいいとあっさり言い切った。五年近くアメリカで医師として働いたことがあり、外国人であることの重圧をよく理解できるという。だから人間はリラックスして生きるべきだと診断したのだった。たしかにその通りである。斜陽産業にいつまでも固執する理由などどこにもない。時代が変わって商いが傾けば、だれだってさっさと商売替えをしてきたのである。

通院をつづけるうちに、息を吹き返す心地がしていた。外国に住もうなどと考えはじめてからというもの、ずっと息継ぎさえうまくできずにいたが、斜に構えることなく、肩肘を張ることもなく、ごく自然に呼吸できていた。ぼくの内なる混乱も、ここにきてようやく収束していた。

住んでいる場所

引きこもりがちな生活を送りながら、次第にいったいいまぼくらはどんなところに住んでいるのだろうと気になりはじめ、近所をぶらぶら散歩するようになった。そんな心の余裕をもてるまで、一年近くかかった。家の周囲がどんな土地か、どんな人が住んでいるのかわからないのも、引きこもりの原因になっていた。わからないから、出歩かない。出歩かないから、余計、なにもわからない。人の視線を避けようとしたのも、出不精を悪化させていた。アジア人がほとんど住んでいない地区ということもあり、じろじろ見られたり、子どもに「中国野郎」とからかわれたりした。「外国人め」と男に睨まれたこともある。その一方、「日本は伝統を守りながら、最新の技術をうみだす。すごい国だ」と、通りすがりの人に言われたりもした。

家のまわりには住宅街が広がる。古い家があれば、建築中の新しい家もあった。古い団地があった。新しいマンションもあった。下町の雰囲気を感じた。途中、教会と墓地があった。大きな病院があった。銀行と郵便局があった。役場と警察署があった。学校があった。戦争の慰霊碑があった。工場があった。鉄道の駅があった。いくつかの小さな店を見つけた。つまりは人の暮らす、ごく普通の、これといった特徴のない街だった。

やがて自転車で遠くまで出かけた。道がわからないので、最初、バス通りを走った。交通量が多く、怖い思いをした。自転車専用道を見つけてからは、あたりの風景を楽しめた。住宅街がそのまま街外れまでつづき、その先は見渡す限り、麦やとうもろこし、ひまわり、菜の花などの畑が広がっていた。送電線が大地に影を落としている。空が広かった。やや遠くに低い山並みが連なる。ブラチスラヴァはその麓に開けた街だった。

家の近くには小さな川が流れていた。その川に沿って自転車を走らせると、ドナウ川に出る。このあたりのドナウは川幅がとても広く、ちょっとした湖のようだった。川を遡ればすぐオーストリアとの国境で、ウィーンまで自転車でも行ける。川を下ればほどなくハンガリーとの国境があり、ブダペストに通じる。かつて厳重な警戒がなされていた国境の検問所は、すでに廃墟と化していて、近くには塹壕がひっそり佇んでいる。使われなくなってみると、なんとも奇妙な光景だ。いったいなにを守ろうとしていたのだろう。

ブラチスラヴァはスロヴァキア、オーストリア、ハンガリーの三カ国に接する国境の街である。普段の生活で、ドイツ語を聞くことはほとんどないが、ハンガリー語を耳にする機会はとても多い。市場でも、近所の店でも、ハンガリー語をごく普通に話す人がいる。街や通りの表示もスロヴァキア語とハンガリー語が併記されたものが少なくない。独立するまでスロヴァキアがハンガリーの一部だった名残で、ハンガリー系住民がいまも住んでいる。両者はあたりまえのように共存し、混じり合っている。

近いこともあって、ウィーンやブダペストにときどき出かけた。外国がごく身近にあった。ウィーンは華やかで大きな都だった。贅沢な品が店に並んでいる。ブダペストには都会的な匂いがあり、いい温泉が街の中心にある。ゆっくり温まり、マッサージを受けるのを楽しみにした。

国境を越えると言葉が変わり、途端にまったくわからなくなった。なにを意味するのか、予測もつかない。それだけで、ちがう世界に来たと感じた。オーストリアはスロヴァキアと同じユーロ圏だが、ハンガリーではフォリントという独自通貨に両替する必要がある。プラハは街が国の真ん中に位置していることもあり、住んでいるあいだ、ほかの国をほとんど意識しなかった。外に出かけもせず、石の街に閉じこもってばかりいた。ブラチスラヴァの地理的条件がそんな生活を一変させた。

少しずつ、どんな街に住んでいるのかがわかってきた。どんな国に暮らしているのかも見えてくる気がした。そして、この国の人びとがどのような人なのかを感じ取った。まだ小さな子どもだったころ、自転車で隣の街まで冒険しながら、自分だけの地図を広めていくのに似た感覚があった。大人になって、自動車やオートバイで遠くまで高速移動しはじめてからは、すっかり忘れていた足もとの世界である。大人になって、もっと遠い、より広い世界を知ったつもりになっていたが、要となるはずの足もとの世界を逆に見失っていたのかもしれない。

知らない世界でなにかを探ろうとしていた。チェコからスロヴァキアへと、同じようでいながら同じではない国に移り住んだことでつきまとう困惑を、なんとか消し去ろうとしていた。チェコ語とスロヴァキア語の微妙なちがいはその最たるものだった。スロヴァキア語がどういう言葉なのか、チェコ語に似ているという以外に、よくわかっていなかった。似ているとは聞いていたが、いざ暮らしてみるとずいぶんちがう言葉に思えた。たとえばチェコ語でトマトは「ライチャタ」だが、スロヴァキア語では「パラダイキ」である。音はチェコ語が訛ったように聞こえる。チェコ語で「いいえ」を意味する「ネ」が、スロヴァキア語では「ニィエ」になる。あえていえば、チェコ語は威圧的で冷たく、スロヴァキア語は柔らかで、田舎っぽかった。

学校に通う子どもたちは、そのちがいをより強く意識させられていた。似ている分、厄介だった。相手の話している内容がわかるからといって、理解したことにはならなかった。綴りや文法のちがいをしっかり覚えるのは困難を極めた。似ているとはいっても、二つの言葉は単なる方言ではなく、あくまで別々の言語なのである。二人とも試験のたびに頭を抱え、スロヴァキア語の成績はなかなか上がらなかった。息子は二つの言葉が入り混じることで、ちょっとしたまちがいを重ねてしまうらしく、自分の知っている言葉はチェコ語でもスロヴァキア語でもなく、「チェコスロヴァキア語」だと言い張った。高校の教師は、息子の言い分を認め、長い目で見守ってくれていた。

子どもたちは移り住んですぐ「ニィエ」と発音するなど、つとめてスロヴァキア語で話そうとした。すごいと思いながら、そうせざるを得ない心情を察した。チェコ語でも教師や生徒との意思疎通に支障はない。なにを話しているのか、お互いに理解できる。しかし、それではいつまで経っても心の距離が埋まらないのである。ぼくはぼくでなかなか「ニィエ」と口にできず、つい「ネ」とチェコ語で言ってしまった。口癖になっていたし、訛りのようで口にするのがためらわれた。それに大きなちがいではないと思い込んでいた。そんなこともあって、なにかにつけて「チェコ語を話す変な日本人」と言われるようになってしまった。チェコ語にしてもたいして話せないのにそんなふうに言われるものだから、気恥ずかしくてたまらなかった。

それではだめだと娘に何度も促され、できるだけ「ニィエ」と自然に口から出てくるようにした。いち早く社会に溶け込み、適応した子どもたちが社会との窓口になり、生活をリードしはじめていた。ぼくも妻も子どもから学ぶことが多くなり、それを素直に受け入れた。

住みやすさの理由

生活環境も、外国で暮らす意識も、がらりと変わった。街が変わったばかりか、国まで変わったのだから、きっとそれは当然なのだろう。かつて同じ国だったとは思えないほど、プラハとブラチスラヴァには大きな差を感じた。退屈な街は、意外なほど、住みやすかったのである。期待していなかっただけに、これは大きな収穫だった。

移り住むにあたり、スーパーやショッピングモールを覗いたり、お米など日々の生活に必要な食材が手に入るかどうかはあらかじめ調べた。子どもたちの通学時間や、駅や空港への行き方も確認した。それで住みやすいかどうかを判断しようとしたのである。しかし、考えてみれば便利かどうかはそれでわかっても、住みやすさとはもっと別の要素なのである。目に見えにくく、データに出るものではない。少し滞在したくらいではわからないだろう。人それぞれの相性があるし、観光的なイメージとのギャップもある。実際に暮らしてみるまではまずわからない、ちょっとした賭けになるといってもいい。

人から受ける印象も、プラハとはずいぶんちがった。それも住みやすさにつながった。人の当たりがやさしく、さっぱりとした温かみを感じたのである。プラハではなんでも「ネヴィーム（知りません）」の一言で片づけられたものだが、ブラチスラヴァではこちらのたどたどしい話にも、耳を傾けてくれた。みんな、知らないことも、わからないことも、とにかくその場で解決しようとした。それが共産体制を経て民主化したスロヴァキアの求めた社会なのかと思った。

スロヴァキアに住むにあたって長期滞在許可の取得に多くの困難がつきまとったのも、ぼくら家族がこの国に住むには法律を改正する必要があったからだと、ずいぶんあとになって知った。不可能を可能にしようとするのだから、いろいろな問題が生じ、長引いたらしい。実はチェコでも同様の手続きで長期滞在許可を取得しようとし、手を尽くして調べてみたのだが、前例がないので、どうにもならなかった。不可能だと言われ、それで終わりである。日本の役所と同じだ。話さえ聞いてもらえない。チェコはもちろん、日本でも入れなかった仕事の公的な団体にも、スロヴァキアでは加入できた。ぼく自身がはじめて社会に受け入れられ、その立場を認められた気がした。おかげで仕事は断然やりやすくなった。ここでも話し合いながら解決するスロヴァキア流の民主主義を感じた。人口五四〇万人の小さな国だから可能なのだろうか。

大家の家族がときどき立ち寄っては、なにかと世話を焼いてくれた。ずぼらなぼくらの代わりに、よく庭の手入れをしにきた。かといって、生活に立ち入ることも、詮索することもせず、用事が終わればすぐに帰った。とにかく放っておかれた。向こうもそれを望んでいた。夫婦は近くに住んでいるはずなのに、家がどこにあるかは知らないままだった。必要がないので、とくに知ろうともしなかった。生活習慣のちがいや、家の使い方でなにか言われることもない。人に家を貸すのははじめてというわりにはおおらかだった。なにかを壊しても、ものが壊れるのがあたりまえだ、直せばいいと気にする様子もない。実際、チェコの人もスロヴァキアの人もまめに自分たちで家の手入れをする。家を自分で建ててしまう人も珍しくない。

スロヴァキアの人たちは他人とのあいだに、適度な間合いをとろうとする。距離を置き、無視し合っている。別に冷たいわけではない。それは人として生きる知恵に思えた。日本人はとかく人と仲よくしなくてはいけないと考えては、人間関係に振り回されてしまうが、そもそも苦痛を感じてまで人とかかわることはないはずだ。そんなふうに感じるのも、きっとぼく自身の意識が大きく変わったからだろう。ただこの街に住み、仕事をしていればそれで十分だと思うようになっていた。考えてみれば、それが普通の暮らしというものだ。プラハでは外国に住む「目的」を考えては、それを言い訳にしていたが、そもそも生活に目的なんてありはしない。

買い物には妻とトローリーバスに乗り、街の中心部にある大きな市場まで出かけた。二人にとって、はじめのうち、それは外の世界に触れる数少ない機会だった。市場では農家の人たちが新鮮な野菜や果物を持ち寄り、並べていた。肉屋、魚屋、卵屋、蜂蜜屋、チーズ屋、ピクルス屋など、いくつもの小さな店があった。市場に並ぶもので、四季の移り変わりを感じた。寒い季節には出店数が減り、品揃えが悪くなるが、それもまた自然に思えた。

市場にあるワインの立ち飲み屋は、地元の人でいつもにぎわっている。気になって店を覗いてみると、「いらっしゃい、いらっしゃい」と呼び込まれた。外国人だから、言葉が通じないからといって、区別されることがなかった。肉屋では店のおじさんが、「私がつくったんだ」と自慢のハムを試食させてくれた。おいしいというと、とても喜んだ。少し高いので買おうかどうか悩んでいると、値切ったわけではないのに、おまけすると言い出した。新鮮だと思って買った野菜が、家に帰って葉をばらすと萎れていることもあった。おまけがつくことも、ババをつかまされることもあるわけだ。卵屋では売り子の女性が一つひとつ、愛おしそうに卵をパックに詰めていた。目の前で、男の客が店の玉ねぎをくすね、ポケットに入れるのを見たこともある。

こうしたちょっとしたやりとりに生活の潤いを感じ、うれしくなった。街に人の暮らしが息づいている。近所づきあいなどないと思っていたが、クリスマスにおいしいワインをプレゼントすると言ってくる人がいたり、大家の娘から結婚式の招待状が届いたりした。

お金がコルナというチェコ独自の通貨からユーロという多くの国で使われる共通通貨になったことも、生活を一変させた。それは想像していたより、とても大きな変化だった。国に縛られていたお金が、より自由なものになったと感じた。両替に煩わされず、多くの国に移動できる。国を意識する理由が、その分、減ったのである。銀行に手数料を吸い取られることもない。事実、ユーロがスロヴァキアにもたらした心理的な効果にははかりしれないものがある。なにかとアニキ風を吹かすチェコに先んじてユーロ圏の仲間入りしてからというもの、ブラチスラヴァでは街も住人も、以前とは比べものにならないくらい明るくなった。

これまではなにかあるたび、チェコと日本を比べてきた。ありとあらゆるものを比べ、しまいには両方ともいやになってしまった。比べながら、好きと嫌いのあいだで気持ちが揺れ動き、最後は「嫌い」と書かれた目盛りからまったく動かなくなったのである。その点、スロヴァキアには好きとか嫌いとかいった感情がとくにないまま、暮らしはじめた。よくわかっていない分、なんのこだわりもない。それになにかあれば日本とではなく、チェコと比べた。プラハに四年間暮らしたことで、日本とはちがうもうひとつの基準が、いつしかぼくの内にできあがっていたのである。たいていプラハが悪役になるのは申し訳ないが、それもまたプラハらしい役回りだろう。外国に住むといっても、なにも特別なことではなく、普通に生きて暮らすことなのだと、ぼくはようやく思えた。肩の力が抜けたといってもいい。たったそれだけのことなのに、ずいぶん長い道のりだった。

人の心、街の心

娘は進学校として知られる中学校に転校した。ブラチスラヴァにもシュタイナー学校はあったが、妻はシュタイナー学校で学ぶ年齢は過ぎたと、珍しく反対した。ぼくは、シュタイナー教育は娘に向いているので、つづけたらどうかと考えていた。どちらにするかは娘次第だった。彼女は進学校を選んだ。勉強の苦手な娘にとって、それはちょっとした自慢になった。

プラハでシュタイナー学校に入るとき、言葉の問題を懸念した校長先生の指示で、一学年下げて入学した。ブラチスラヴァでもスロヴァキア語の習得を考え、ふたたび学年をひとつ下げた。娘にとって、同級生の多くが二つ年下になる。このため、外国人の転校生でありながら、なにかにつけてクラスのお姉さん役になった。子どもっぽく感じるのか、ボーイフレンドに夢中になることもなくなった。新しい環境は娘の心にうまく作用したらしく、少しずつ落ち着きを取り戻していった。友だちとのつきあいに振り回され、携帯電話やメールが気になって仕方がないということも減った。

早生まれということもあってか、幼稚園のときからなにかと遅れ気味で、学校の授業にもなかなかついていけずにいた。好きなことや、得意なことしかやろうとしないので、ますます勉強が遅れた。二年落第してようやく人並みになったのかもしれない。なにがわかっていないかが自分でもわかったのか、苦手科目の勉強を、学年をさかのぼってはじめたりもした。

日本では落第なんてもってのほかかもしれない。落第だとはやし立てられ、いじめられるのは目に見えている。二年も落第したらなおさらだろう。クラスに居場所を見出せず、いたたまれない気持ちになって、学校を中退するかもしれない。親にしてみれば、世間体も悪い。しかし、娘を見ていると、わからないまま進級したり、卒業するより、よほどましではないかと感じる。最初の躓《つまず》きが最後まで尾を引いてしまったら、頑張りたくとも頑張れるはずがない。人によって歩く速度はちがって当然なのである。日本の学校で学びつづけたら、娘はきっと落ちこぼれたまま、中途半端に成長していっただろう。父親であるぼくにしても大学を六年かけて卒業し、それからの人生も落第ばかりしているのである。

息子はギムナジウムと呼ばれる進学高校の数学科に通った。アール・ヌーヴォー様式の校舎が印象的な、歴史ある学校だった。街の数少ない観光名所になっている青の教会が隣にあり、クリーム色の校舎と奇妙なコントラストを描いている。ちょうど全面改築が終わった最初の年に転校したので、真新しい、きれいな教室で学んだ。数学科を選んだのは、もともと得意だったのに加え、言葉に苦手意識があることから、計算できれば学べる数学への関心を強めたためである。たとえ動機は逃げだとしても、今後の進路を決めるほどの強い関心になっていた。

高校二年生になってから転校したので、うまく人の輪に入れるのか心配だった。実際、同級生ははじめ、プラハから来た日本人転校生を遠巻きにし、息子もおとなしくしていた。そのうちクラスのお調子者が、「どうしておまえはそんなに静かなんだ」とふざけて輪のなかに引っ張り込み、それをきっかけに打ち解けあった。言葉にしてしまえば単純だが、それなりに緊張感ある駆け引きがあったのだろう。女性の担任は、個人面談で息子のことを「かわいい」と繰り返し言い、ずいぶん目にかけてくれていた。生徒もまじめに授業に取り組んでいるらしく、プラハの高校で不満に感じていた問題が解消し、息子の望んだ通りになっていた。

第二外国語はシュタイナー学校ではドイツ語だったが、プラハの高校ではフランス語を選んだ。チェコでもスロヴァキアでもドイツ語を小学校から学ぶので、とてもたちうちできない。高校から学ぶフランス語であれば、他の生徒と同じスタートラインに立てる。しかし、ブラチスラヴァの高校ではドイツ語しか選べず、ふたたびドイツ語を勉強することになった。はじめはドイツ語に割く時間が惜しいとぼやいていたが、よい先生に恵まれ、いつのまにか得意科目になっていた。

日本でもどこでも結局は先生次第だった。

家の近くに本格的な野球場があることも、野球好きの息子を喜ばせた。家を探しているときに球場があるのを知らせると、目を輝かせていた。この球場を拠点とするスロヴァキア人の野球チームに参加した。黄色いユニフォームを着て、毎日のように練習に加わった。やがてハンガリーやクロアチアをはじめ、周辺の国々に出かけては遠征試合をするなど、野球を通じた新たなつながりが広がった。

妻は大学で開かれるスロヴァキア語の初級講座に参加した。彼女にとってはこの語学教室がスロヴァキア社会との最初の接点になった。日本の大学から来た三人の若い留学生も同じクラスにいた。チェコ語とスロヴァキア語のちがいをきちんと理解するのは、子どもたちにも増して、たいへんそうだった。国によっては移民に対して語学講座を無償で開き、言葉の習得を支援しているが、チェコにもスロヴァキアにもそうした仕組みはなかった。外国人に対する語学の教授法も確立されていないうえ、言語としてのむずかしさもあいまって、語学学校の教え方は決して効率的なものではない。

とはいっても、言葉が問題になることはほとんどなくなっていた。日常生活では、片言ながらもごく普通に必要なやりとりができていた。なにか混みいったことがあれば、子どもたちが通訳した。プラハではいつもだれかほかの人に頼まざるを得なかったのを考えれば、ブラチスラヴァに来てからの大きな変化になった。

子どもたちが手となり足となってぼくら大人の意志を通訳することで、だれか他人に頼むより、理解のズレを最小限に抑えられた。もっとも最初からうまくいったわけではない。言葉を適当に端折って訳したり、自分たちの意志に反する、言いたくないことや言いにくいことは、訳さないとつっぱった。訳していない部分を指摘すると、悔し涙を流した。そうしたことが何度もつづき、次第にニュートラルな立場で、きちんと訳せるようになった。

娘は放課後、英会話学校で大人に混じって学んだ。それも学習意欲の出たブラチスラヴァに来てからの変化だった。進学塾で受験のための英語を勉強するより、よほど生きた英語が身につくはずだ。学校はブラチスラヴァの旧市街にあった。ずいぶんこぢんまりした旧市街だが、なかなか風情があり、散歩にちょうどよかった。帰りが遅くなるので、ぼくか妻が迎えに行った。

学校の前で帰りを待っている親の姿を見ると、娘はうれしそうな表情を浮かべた。プラハの駅まで毎日迎えに行っていたときの表情の陰りはもうなかった。ある夜、英会話学校から帰る途中、酔っぱらって石畳の道でバク転をする女の子に、ぼくは大きな拍手をした。心のなかでは、よく立ち直ったと娘に拍手しているつもりだった。

「最近、スロヴァキアに馴染んできているでしょう」

娘はドヤ顔で言った。たしかにその通りだった。日本でもプラハでも打ちのめされたぼくは、これまで一歩離れたところから怖々スロヴァキアの社会や人びとを観察し、そこにいる自分と家族をじっと見つめていた。そんな日々がただ過ぎていくうちに、いつしかこの社会の片隅に生きているのだと実感できるようになった。ごく普通に暮らし、生きている。ただそれだけだ。

外国人として外国に住むことに、ぼくが少し慣れただけなのかもしれない。ブラチスラヴァという街がぼくの性に合っているのもあるだろう。チェコスロヴァキアの時代のプラハにあって、いまのプラハにないものを、ぼくはようやくブラチスラヴァで見つけていた。それに惹かれて移り住んだというのに、プラハからは消えてしまったもの。それを街の心といっても、人の心といってもいい。チェコとスロヴァキアが分離してプラハが失ったものは、思いのほかとても大きかった。

いるべき場所

プラハはすっかり縁遠くなっていた。これといった用事はなかったし、愛憎相半ばする気持ちがいつまでもくすぶっていた。それでもかつて暮らしていた村にだけは、惹かれるものがあった。まだ寒い二月、重たい腰を上げてプラハに出かけたのも、村の祭りに顔を出すためだった。

ひさしぶりに見るプラハの街は、なんだか空っぽの箱のようだった。あれから多くの顔見知りが次々に街を去り、親しい人は数えるほどになっていた。街の肌ざわりというものは、街そのものより、そこに住む人と強く結びついているのかもしれない。ただひとり、いまもプラハのどこかに住むあのストーカーだけは、懲りずにぼくへのいやがらせをつづけていた。

しかし、一緒に出かけた娘の反応は、まったくちがっていた。列車の窓からプラハの街並みが見えると、目に涙を浮かべてはしゃいでいる。そして、日本は名前がついた場所で、プラハは心の故郷だと言った。家族のだれよりも言葉を自在に操り、チェコの社会に溶けこんでいた彼女にとって、プラハはかけがえのないふるさとなのだった。友だちとの再会を心から楽しみにしていた。そんな娘の姿を見て、心底ほっとした。そして、改めて思い知った。学校で毎日、チェコ人の子どもたちと過ごし、生きるためにあがきつづけた子どもたちとはちがい、ぼくはただつかのま、外国人としてこの街に腰を下ろし、去っていっただけなのである。

しかし、村はそんなぼくをいつものように暖かく迎えてくれた。見慣れたはずの風景が、ひたすら懐かしかった。村長をはじめとする村の人たちはぼくに気づくととても喜び、よく来たと抱きしめた。仮装行列のあとについて、家々を門付けして回り、振る舞い酒を飲み交わした。みんなと踊り、歌った。すべてはこの村に住んでいたときと、まったく同じである。

それでもいろいろなことが変わっていた。小さかった子どもたちはずいぶん大きくなり、新しい子どもが増えた。社会主義然とした、村にたった一軒ある食料品兼雑貨店はヴェトナム人が仕切るようになり、品揃えやサービスが格段によくなった。村のお年寄りが買い物に困ることもなくなりそうだ。ぼくらの住んだ家には、赤ちゃんのいる家族が暮らしていた。同じはずの世界が、少しずつ変わっていた。

戦争に次いで社会主義がはじまったことで長らく途絶えていた祭りを、村人たちはよみがえらせ、守ろうとしている。ひとりの村人に声をかけられた。顔は知っていたが、話したことはない。「むかしこの村に日本人の家族が住んでいて、お祭りのとき、お寿司や日本酒を振る舞ってくれたんだ。それがとにかくおいしかったんだよ」

それはぼくらのことだったが、その人はわかっていなかった。アジア人はみんな同じに見えるのだそうだ。自分たちのことなのに、ほかの人のこととして話題にされるのが、なんだかくすぐったかった。それにむかしといっても、わずか一年ほど前の話である。去ったあと悪く言われてはいないようだし、よい印象を人びとの心に残せたと知るのはうれしかった。それはたしかにぼくら家族がこの村に暮らしていた、なによりの証だった。「へえ、そうなんですか」と答えると、満足気に男は笑った。彼もまた日本に行ったことがあるのを、そのときはじめて知った。有名な劇団の一員として、日本中を公演して回ったという。「もちろん見てくれただろ」とたたみかけられたが、見ているはずもない。

村の人に再会し、この村にだけは深い愛情を抱いていることに改めて気づかされた。年老いたら、またこの村で暮らすのもいい。いつもこうして気持ちは振り出しに戻っていく。

日本への思いや印象もまた、揺れつづけていた。自分の国だというのに、もう居場所はないのだと感じていた。ぼくが家族を連れ、日本を離れてからの月日が長くなるにつれて、母もまた居場所がないと嘆くようになった。一緒に住もうと誘っても、言葉が通じないからいやだとにべもない。自分の身勝手さが重たくのしかかった。そんなぼくのことを、成田空港の職員はいつも「お帰りなさい」とにこやかに迎える。見ず知らずの人から、なんでそんなふうに言われるのか、不思議で仕方なかった。親兄弟や友人知人に会っても、最初に「お帰り」と声をかけられる。ぼくはその言葉を長いあいだ、素直に受け入れられないでいた。

二度、日本に行った年があれば、二年間に一度しか行かなかった時期もある。平均すれば、一年に一度程度になるのだが、その間隔は少しずつ開いていった。最初はラーメンや寿司といった好物が食べたくて夢にまで見たが、そのうちどうでもよくなった。むさぼるように知り合いと会おうとしたが、いつしかほんとうに親しい人とだけ会い、ゆっくり話したくなった。こうして日本との距離が年々、離れていきながらも、なにかもっと大切なことに気づかされた。

日本がいやになって出ていった以上、「日本に帰る」と言うことに抵抗を感じていた。だから、わざと「日本に行く」と口にしてきた。日本を棄てたからには、二度と日本に帰ることは許されない。そう思い込んでいた。実際、日本はぼくにとって行く場であって、帰る場ではなかった。しかし、日本を離れ、プラハを離れ、ブラチスラヴァに住んでからはじめて日本に行ったとき、どうしたわけか、ようやく日本に帰ってきたのだと、すんなり受け入れられた。

Belgique, 1931
Anvers, Belgique, 1930

ブレッソンの展覧会
Paris, France

ズデーテン地方の遺産
Nový Bor, Czech Republic

革命から20年
Praha, Czech Republic

路地の反ファシズム
Ljubljana, Slovenia

第6章　見えてきたもの

委ねずに生きる

プラハではなにかを思いついては、一つひとつ試してみた。なにも決まっていないなか、そうしてなんとか暮らしをたてていくことができた。いつも子どもの傍らにいようとし、学校に顔を出しては、先生との話し合いを重ねた。そうしなければなにひとつ前に進まなかった。問題を解決するために多くの人と知り合い、話をしながらたくさんのことを教えられた。数え切れない困難に直面したが、なんでも受け入れ、前向きに生きようとした。

ブラチスラヴァでの生活は、それとは正反対になった。意図してそうした面もあるし、たまたまそうなったとも言えるのだが、とにかくすべての局面で消極的になっていた。ただこの街に住んでいるだけだった。あえてそう意識しようとした。外国に住むとはいっても、特別なことでもなんでもない。なにも外国人だからといって、こびることも、遠慮することもないはずだ。敬意をもって決まりを守れば、あとは堂々と、勝手に生きればいい。ぼくは開き直っていた。

ときどき近所の大きな広場に移動遊園地やサーカスがやってきた。こうした賑わいは嫌いではないし、子どもたちが小さかったときを思い出してわくわくするくらいである。しかし肝心の子どもたちがそんなものを喜ぶ年ではなくなり、行こうと誘ってもいやがった。息子や娘が幼稚園に通い出したころから、子どもを媒介にだれかと知り合い、人間関係が広がったものだが、成長するにつれてその機会は減り、いつしかなくなっていた。

子どもたちが学校で大きな問題につきあたることも、先生に呼び出されることもなかった。授業の内容をきちんと理解でき、同級生と意思疎通しあえていた。なにかあっても子どもたちは自分たちで解決し、親の出る幕などまったくない。ぼくや妻が学校に行くことも、二人の同級生に会うこともなくなり、学校の様子は子どもたちの話でしか見えてこなかった。少なくとも学校に関して、子どもたちは親の手を離れていたのである。やはり言葉ができるのは大きかった。

こうして社会とのかかわり方が大きく変わり、人と知り合う機会が減った。それでも出会いを求めなかった。もともと日本人会などの組織には近づかないようにしてきた。無理してだれかと知り合ったところでわずらわしいだけで、なにもいいことはない。自然に知り合う人でないと、どのみち長続きはしないのである。そんな出会いは年に一人いるかどうかだ。海外で生活するうえで、向こうから近づいて来る人には、とくに気をつけていた。それは海外旅行の基本でもある。なにかを売りつけようとする人、なにかを盗もうとしている人、はなから騙すつもりでいる人など、とにかくろくでもない人ばかりである。いざというとき手を貸してくれる人は、みんな黙って助けてくれた。

普段のつきあいのなかで、深入りしてきそうな人がいると、さっと身を引いた。飲みに行くにも人を選んだ。人とかかわると、つい甘えて頼りたくなる。頼りたい気持ちがあるから、人とかかわろうとする。だからといって、人をあてにしたところで、どうなるものでもない。だれも助けてはくれないのである。自分をさておいて、だれかに依存したり、ほかの人に頼ろうとすると、いつしか人間関係がおかしくなっている。そうならないように、なんでも自分でやるように心がけた。はじめはお金をかけないように、人の力を借りたりもした。しかし、お金で解決できるのなら、なまじ人に頼むより、そのほうが結局は安くつく。

状況や仕組みがわかり、言葉もだいぶ理解できてきたので、生活面では人に頼らずとも、家族で力を合わせれば、たいていのことは切り抜けられた。わからないことがあっても、その場で聞けばそれですむ。人に依存しない暮らしをしているうちに、孤立を怖れなくなり、他者を求めなくなっていた。それは外国人として生きることで、自ずとたどり着いた境地だった。外国人なんてどうせ孤立無援の存在なのだから、ふてぶてしく生きてしまえばいいのだ。文字通り「外の国の人」として、どこかに帰属することも、だれかに依存することもない自由を、いつしかぼくは手にしていた。

と同時に、日本を離れて最初の三年あたりまではたしかに感じていた、心の奥底から沸き上がってくる気力が、いつしかどこへともなく消えていた。それがどうしてなのかわからず、ずいぶん慌てた。外国で暮らすにあたって当初考えていた理想は、現実を前におぼろげとなり、動機さえ見失っていた。いったいなんのためにぼくは外国に住みつづけているのだろう、これからぼくはなにをすればよいのかと、たびたび自問した。外国に住むという大きな、しかし考えてみればごく単純な目標を実現してしまえば、その先に残るのはありふれた日常でしかなかった。日本だろうが、外国だろうが、日々の暮らしはなにも変わらない。

日本を離れてからというもの、ぼくはなんだかんだとぶれてきた。その場しのぎの言い訳ばかり考えていた。家族の生活を安定させ、仕事を軌道に乗せようと、前に進めば進むほど、心は揺らいだ。なにひとつとしてよい結果を出せないまま、時間ばかりがいたずらに過ぎ去り、こんなことでいいのだろうかと思い悩んだ。自信がもてなかった。どんどん自信を失った。モチベーションを高めようと、チェコからスロヴァキアに移り住んでみた。しかし、高まるどころか、逆に弱まるばかりで、それがどうしてなのかわからずに、ただおろおろしていた。しかし、ぼくの焦りなどお構いなしに、妻は生活を軸に、子どもたちは学校を軸にして、目の前のことに一生懸命になっている。日本にいても、外国にいても、家族の様子はまったく同じだった。こんなはずではない、家族は意地になってぼくに逆らっているのではないかと思ったくらいである。

妻は試行錯誤を重ねながら、海外で手に入る食材で、日本食をつくってきた。麺を打ち、餅をつき、漬け物をつけ、干物をつくり、パンを焼き、味噌を仕込んだ。味噌は毎年、冬に仕込んで、食べられるのは翌年の秋だった。息の長い営みである。手に入らないものや、入りにくいものは、自分でつくるしかない。日本ではなんでも簡単に買えるので、自分でつくろうなんて、思いつきもしなかった。実際にやってみると、意外に簡単にできた。どれも手間暇かけた手づくり素材なので、日本で食べていた料理よりもおいしかった。

妻の手料理を毎日食べているうち、外国に住むなんてつまりはこういうことではないかと思った。どこで暮らそうと、あれこれ工夫して自分たちの食べたいものを食べ、「生活」を営む。それが生きるということなのである。世界を家族にわからせようと外国に連れてきたというのに、いちばんわかっていなかったのはぼくだった。

どこかから、どこかへ

ブラチスラヴァがどこにあるのか、日本人ばかりか、ヨーロッパの人さえ、知らない人が少なくなかった。街の名前を言っても、どんなところか想像がつかないとの反応が返ってくる。チェコスロヴァキアという国がまだあると思っている人もいる。自分が住んでいる街なのに、まるで実在していないかのようだった。

そんなブラチスラヴァで仕事を見つけるのはとてもむずかしいことだと、引っ越す前から感じていた。そのため、この街で仕事を成立させる考えは最初からもっていなかった。仕事の可能性を確信していたプラハとは大きなちがいである。プラハでは、プラハという街のなかだけで、なんとか食べていけると感じていた。それが移住先にプラハを選ぶ大きな理由になった。景気のよい国に移るのは移民の基本であり、仕事のない国に移り住むなんて、なにか特別な事情でもない限り、普通はしないだろう。

ブラチスラヴァに住みながら、いろんな国を好き勝手に飛び回っては仕事をした。月の半分はほかの国で過ごしたり、インドにまで足を伸ばしたこともある。友人に誘われてドイツを旅したのをきっかけに、そんなふうに仕事をしたいと考えだした。彼は土地にこだわらず、仕事のある場所に自在に移動し、しばらくそこで暮らすという日々を送っている。ヨーロッパばかりか、アジアやアフリカにも出向き、数カ月から数カ年の単位で滞在して仕事をしては、また次の場所に移る。ぼくの生まれ育った国に興味をもち、日本でしばらく働いたこともある。手に職をもちながら、いざとなればまったく別の職種につくのもいとわない。仕事は仕事なのである。旅の途上で結婚もした。ぼくがプラハの悪口を言ってやりあったチェコ人のガールフレンドとはいつのまにか別れ、ソウルで働いているときに知り合った韓国人と所帯をもっていた。

「自由であるためには、戦わなくてはいけない。それが生きることなんだ」

高校生のとき、崩れたベルリンの壁によじ登り、東から西に飛び越えた彼の力強い言葉が忘れられなかった。遊牧民みたいな彼の生き方は特別な例で、簡単にまねできないと思っていた。しかし、ヨーロッパを知れば知るほど、決して珍しいライフスタイルではないのがわかってくる。しかもいまにはじまったことではなく、人びとはむかしから移動を繰り返してきた。その痕跡はヨーロッパ各地に地名として刻まれている。チェコやスロヴァキアにはドイツ人の街だったことを示す地名があちらこちらにある。それよりはるか以前、何千年、何万年も前にどこかから、どこかへと移り住んだ人たちがいて、そのことも地名からは浮かび上がってくる。移動しなければ生きてはいけない切実な理由がそれぞれの時代にあったのだろう。

新しい国での仕事は、いつも戸惑いからはじまった。どこもそう変わるものではないと思いつつ、はじめて行くときは不安でいっぱいだった。言葉は通じるのだろうか。国民性や考え方がちがうかもしれない。同じ国でも、街によって状況がちがうはずだ。現地に行ってから慌てないように、あらかじめ情報を事細かく調べ、気になる点をメモした。

実際に行ってしまえば、拍子抜けするほど、なにも変わらなかった。たしかに国や街によって仕組みはちがう。住所だけでは目的地に辿り着けない国もある。危険を感じる街もある。それでも人間の考えることの根っこは、そう大きく変わるものではない。最初はちがうように見えても、慣れてくるとそれほどちがうわけではないのがわかる。

多くの街や国に滞在する日々を過ごし、自分なりに理解できたと思える場を少しずつ広めていくうちに、ちがいにとらわれなくなり、国とか街へのこだわりが次第に薄れていった。もののとらえ方や見え方が変わり、国単位で考えることに、ほんとうは意味などないのだと感じた。いつしかぼくはとてもフラットな目で、世界を感じていた。

人の生きる社会に大きなちがいなどない、ということだ。異文化に見えていた世界も、それをつくりだしているのは同じ人である。単位は国ではなく、人であり、その暮らしなのである。それを国でくくろうとするから、無理が出てくる。しかし、言葉の問題だけはいつまでもつきまとった。文化を知るには、その国の言葉を学ぶのがいちばんだし、できるに越したことはないのだが、実際にはそうもいかない。いかんせんヨーロッパでは国境を一歩、越えてしまえば、がらりと言葉が変わってしまう。国がちがえば、似ても似つかない、まったく別の言葉になる。文字がアルファベットでなければお手上げだ。

チェコ語の見慣れないアクセント記号に幻惑され、この言葉にはきっとなにかすごい秘密が隠されているにちがいない。言葉がまだわからないうちは、そんなふうに思ったりもしたのだが、もちろんそんなことはまったくない。わかったところで、むずかしい顔をして哲学談義でもしているのかと思った居酒屋の酔客が、ただ人の悪口をくどくど話したり、猥談に花を咲かせているだけだと知るばかりなのである。「言葉ができないのにこの国に住むな！」と強く言われたからといって、チェコ語やスロヴァキア語がよその国で通じることもない。

ひとつの国に何度か通っているうちに、よく使う言い回しや単語を少しずつ耳で覚え、言っていることがなんとなくわかってくる。片言でも返答し、気の利いた挨拶を交わせるようにもなる。言葉というのは、実生活上ではコミュニケーションのための道具なのであり、イエスならイエス、ノーならノーと、受け答えができれば、日々の生活を送るにはまずは十分なのである。流暢に話しているのに綴り方を知らない人も実は少なくない。上手に書けるのに話すのが苦手な人が多い日本とは逆なわけだ。言葉を取得する根本的な動機がちがうのである。

どこにいっても、英語が共通の言葉になった。それもどうかと思うのだが、いまやどの国でも多くの人が英語を理解する。ネイティブでない者同士が英語で会話をすることで、好都合な面もある。お互いゆっくり、言葉をかみしめて話すから、むしろ意思疎通がしやすいのである。母国語を話す人に会話のイニシアチブを握られ、聞く一方にもならない。むずかしい話題になると、きちんと理解し合えているか、単語ひとつの意味を互いに確認した。話し相手の訛りが強くてよく聞き取れなかったり、ぼくの話す英語に対して相手がそう思っていると感じることもある。

英語のネイティブ・スピーカーなら、ほかの言葉でやりとりすることで、より深く理解し合えることがある。同じ英語でも、出身地や社会階級などにより、とても聞きづらいことがあり、他言語のほうがわかりやすかった。もちろん言葉の習得は外国生活をうまくいかせる重要な要素である。しかし、流暢に話しているつもりになって、かえってなにか大切なものを見落としてしまうこともある。母国語でさえ、人は往々にして理解し合えないのだ。わからないのを前提としたほうが理解し合えるのだとすれば、言葉とはいったいなんなのだろう。

大人の目、子どもの目

プラハに住みはじめたとき、大きく変わった街を目の当たりにして、頭が混乱した。変化を受け入れるまでに、ずいぶん時間がかかった。結局はいやなところばかりが目について、街を去ることを選んだ。

プラハばかりではない。かつて訪れた街を再訪するたびに、多かれ少なかれ、同様の印象を抱いた。東京にしても同じだ。わずか一〇年、二〇年で、街というものはこんなにも変わるのかと、何度も考えさせられた。古い街並みが変わるはずないと思い込んでいるだけに、驚きはひとしおだった。住みつづけていたらたぶん気づきもしない、一つひとつは些細なことかもしれない。しかし、それがいくつも重なり、大きな変化となってぼくには見えた。いつだって街は古くて新しく、新しくて古いものなのだろう。転居や世代交代により、住む人が次々に入れ替わっていくのだから、きっとそれは当然なのである。

パリを再訪する機会にもようやく恵まれた。学生時代に滞在したとき、次は仕事で来たいと思って以来、三〇年が経っていた。長いあいだ望んでいた、待ちに待った瞬間だった。パリはぼくにとってはじめての外国体験だったこともあり、とくに強い印象をもっていた。そのときぼくは一九歳で、大学一年生だった。長期滞在許可がなくても滞在できる、ぎりぎり九〇日間を過ごした。留学とは名ばかりで、なにをするわけでもなく、パリにいるだけの日々だった。

そのときぼくは日本で感じたことのない自由をパリで味わっていた。このままこの街に住みつづけたいと思った。外国の空気に触れ、ありのままの自分をはじめて意識した。街を離れたとき、すぐ戻ってくるつもりでいた。だから再訪して街を歩きながら、一九歳だったぼくが次の角を曲がったその瞬間、五〇歳になっていまここにいるかのようだった。何者かであるふりをしたぼくが、何者でもない自分に再会していた。奇しくもこのとき娘がちょうど一九歳の誕生日を迎えた。当時のぼくが、いまの子どもたちに重なる。世代が変わったのだ。中年の危機なんて、ただ大人として成長できていない意識の表れにすぎないのかもしれない。

街はずいぶん様変わりして見えた。薄暗かった街は明るくなり、住人が増えたように感じた。にぎわっていた地区がすたれ、静かだった地区に人が集まっていた。かつて存在していたものがなくなり、代わりにかつては存在していなかった、新しいものが目についた。通貨の単位はフランからユーロに変わり、デジタル機器が街にあふれている。冷たく感じられたパリの人たちが、ずいぶん陽気で、親切に思えた。

記憶を頼りに住んでいた学生寮を訪ね、よく通った美術館や書店を覗いた。友だちの住んでいた界隈を歩いた。パリでまた会おうなどとかっこよく別れてから、長い年月が流れていた。ぼくがはじめてきちんと恋した人だった。彼女はもちろん、知っている人はもう街にだれもいない。偶然の再会を期待したところで、見知らぬ人と擦れちがうばかりである。過ぎ去った日々を思い出しては一人で感傷にひたり、身体がまだ道を覚えていることに、せっかく学んだのにほとんど使う機会のなかったフランス語をいまも少しは覚えていることに、われながら驚いたりもした。大学でぼくはただ無為な日々を過ごしたと思っていたが、そうではなかったのかもしれない。

時を隔てて歩くパリの街は、記憶の風景よりはるかに大きく感じられた。地図を塗りつぶしながら路地をくまなく歩き、隅から隅まで街を知ったつもりになっていたのに、ちがう街に来たようだった。当時いったいパリのなにを見て、わかったなんて思ったのだろう。あのころはあのころで真剣にそう思っていたはずなのに、一九歳のぼくと五〇歳のぼくとでは、目にしているものがちがうのだろうか。それこそが三〇年の意味なのかもしれない。街も変わったが、ぼくもまた変わったのである。ただ街の匂いや喧噪は記憶と変わらず、ぼくはたしかにここに住んでいたのだとひたすら懐かしかった。

ぼくがパリにいたころからずっと住んでいるという、同世代の日本人とも知り合った。初対面なのに、古い友だちと再会したように話し込んだ。彼女は日本人同士で結婚し、二人の子どもがいる。上の子は学校でいじめにあって不登校になり、日本の学校に通った。一〇歳離れた下の子の時代にはいじめが減り、そのまま進学した。たしかに街には中国人や韓国人が増え、アジア人が珍しい存在ではなくなった。日本人街までできていた。街の中身はこうして変わっていくものなのだろう。

あのまま日本に帰らず、パリに住んでいたらどうなっていたのかと、これまで何度とはなく考えてきた。それはぼくの願望でもあった。冒険してみたい気持ちと、そんなことは許されるはずないとの気持ちが当時、心のなかで相反していた。ちょっとした仕事を紹介してくれる人もいて、学生として生きていくのに十分なお金はなんとかなりそうだった。それなのに、「うまくいくわけない」「このまま住みつづけたらだめになる」とうじうじ考え、日本に帰ることを選んだのだった。

あのときぼくは、目の前にあるレールに沿って進まなくてはいけないと信じていた。その先にあるはずのものに向かって、まっすぐ歩かなくてはいけないと考えた。せっかく合格した大学にも、通わなくてはいけないと思い込んだ。振り返れば、そんなレールも、それにこだわる理由も、ありはしなかったのである。日本に帰ることなど、選択肢のひとつにすぎなかった。その気になればたぶん、ぼくもなんとかうまくやっていけたのである。生き様はずいぶんちがっていただろうが、少なくとも人生を変えることに、そこまで臆病になる必要などなかったのだ。後悔はしていないが、自分の可能性を自ら狭めていたのはたしかだった。

二人の子どもたちはどうなのだろう。ぼくが家族を連れてプラハに移り住んだとき、子どもは一一歳と一三歳と、まだ幼かった。その子どもたちも、いつしかぼくがはじめて外国に行った年齢にまで成長していた。二人が日本を離れたのは自分たちの意志ではなく、親の意志によるものだった。大学生になって、自分の意志でフランスに行ってみたぼくとの大きなちがいである。とくに息子は当初、外国に行くのをとてもいやがった。家族もろとも暗闇に放り出される気がしたのだろう。その気持ちを引きずり、いつも目が日本に向いていた。日本よりも外国のほうがいいと言う娘とは対照的だった。

ぼく自身、外国に家族を連れ出してはみたものの、この先どうなるのか、まったくわかっていなかった。言葉の通じない学校で学ぶなんて、子どもたちには耐えられないのではないか。経験のないぼくにはそれがどういうことなのか、想像もつかなかった。なんとか学校の勉強についていき、いじめられることも、差別されることもなかった。親が知らないだけで、いろいろつらい目にもあったのだろうが、外国人の生徒として同級生と席を並べ、ともに成長してきた。それにチェコやスロヴァキアの人に外国人であることで差別されるより、日本を離れて外国で暮らすことに否定的な見方をして、差別する日本人のほうが多かった。

子どもたちの経験したことは、大人であるぼくや妻より、はるかに大きなものだったにちがいない。外国人として常に社会との距離を意識させられる大人とはちがい、学校という社会にどっぷりつかり、同級生と密に過ごしてきた。そんな子どもたちにしてみれば、外国とはいってもなにも特別なものではなく、ごくありきたりの日常にすぎない。いつまでも外国をなにか特別なものとして見てしまうぼくとは、明らかにちがう目線で世界をとらえていくだろう。移民一世として、自国の文化や考えを棄てきれない親に比べ、二世になる子どもたちは、言葉の能力を含め、はるかに広く、自由な視野をもちうるということだ。

息子の旅立ち

スロヴァキアの高校は四年生まであり、最後の一年はおもにマトリュタという大学入学資格試験の準備にあてられる。フランスでバカロレア、ドイツでアビトゥーアと呼ばれる試験とよく似た制度である。この試験が実質的な大学入試にあたり、基準点を満たしていれば、どこでも希望の大学に進める。志願者の多い学部や難関校では、別途、選抜試験がある。

ブラチスラヴァの高校に転入を希望したとき、面接をした校長先生は息子がマトリュタに合格するのはきびしいと心配した。校内でおこなう試験であれば多少の配慮ができても、国家試験なので些細なミスでも命取りになる。チェコ語とスロヴァキア語を混同して覚えていることもあり、たしかに至難の業に思えた。もしだめなら、日本で高等学校卒業程度認定試験を受けるくらいの楽な気持ちでいてほしいと息子には言い聞かせた。

四年生のときの息子は、ジェットコースターにでも乗っているかのように、慌ただしく駆け抜けていった。受験とはいっても、どこかお祭り騒ぎだった。試験の前に開かれた卒業式を兼ねたダンスパーティーには、新調したスーツを着こみ、大人びた格好で出かけた。仲のよい同級生と日本への卒業旅行を計画し、富士山に登り、京都に行くと目を輝かせた。その同級生とともに、オーストリアの大学に進むのが希望だった。マトリュタの試験科目もそれに合わせ、ドイツ語を中心としたものになる。言葉がまた変わるが、スロヴァキア語よりドイツ語のほうがよくわかる、大学はドイツ語で学びたいと言い出した。息子がドイツ語を話しているのを一度も耳にしたことはなく、大丈夫だろうかと思ったが、彼の意志を尊重するしかない。

高校に進んでからというもの、息子を叱ることはなくなった。叱っても聞く年齢ではないし、叱る根拠もない。プラハに移り住んでしばらくはぼくなりに考えがあり、それにもとづいて助言もできた。しかし、次第にぼく自身が手探り状態になり、傍観するしかなくなっていたのである。すべては息子の判断にまかせた。高校を卒業したら少しでも自立させるためにも、そのほうがよいと思っていた。ヨーロッパにある多くの大学の授業料は、学生が自分で払えるくらいに低く抑えられていて、自分の力で進学する人が珍しくない。学生寮の寮費も安く設定され、社会全体で子どもの自立を促している。社会に出て、何年か働いてから大学に行く人もいる。授業料が高く、子どもの教育のために積み立てをしたり、ローンを組まなくてはいけないなど、なんでも親がかりになりがちな日本とは、大学をめぐる状況はずいぶんちがった。

幼いころから、子どもにはいつも自由に生きて欲しいと願いながら、同時に親にとって都合のいい、〝よい子〟であることを望んでしまった。叱りながら生きていく最低限の約束事を教えているつもりでいたが、不自由な型に押し込めようともしていた。小学校に通いはじめると、それがより顕著になった。学校で叱られたのならば、救いの手をさしのべるべきなのに、「家でのしつけ」を望む教師に煽られ、一緒になって叱った。子どもが成長するにつれ、叱る理由など、ほんとうにあったのだろうかと自問した。ただ無理矢理、「日本人」にしようとしていただけではないか。親としての、また人間としての未熟さの現れにすぎなかったのではないか。子どもの前で、ぼくはたびたび自己嫌悪に陥った。

大学に進むにあたっても、とくになにも言わなかった。言えなかったのである。ただ授業料や寮費がいくらで、生活費を含めて月にどれくらい必要なのかだけを尋ねた。お金が足らなければ、いろいろ考えなくてはならない。それに外国人なので、スロヴァキア人である同級生とは入学にあたっての条件がちがうはずだから、早めに大学と相談したほうがいいと付け加えた。居住する国を替えることで新たに取得しなくてはならない長期滞在許可を含め、膨大な手続きが必要になる。希望を実現するのは、そう簡単なことではない。すべて自分でやれるのか。しかし、息子はあやふやな返事を繰り返すばかりで、いつまでものらりくらりしていた。

それでも、なにごともなかったかのように、マトリュタに合格した。無理だと言われていただけに、よくやったと褒めてやりたかった。しかし、「行ってきます」の一言をいうわけでもなく、玄関を飛び出し、その足で日本への旅に出た。親から解放された、すがすがしい気持ちで一杯だったのだろう。ぼくにとってのパリが、彼にとっては東京だったのかもしれない。日本を離れたのが中学一年生の終わりだから、知っているようでなにも知らないも母国に関心をもつのはあたりまえだろう。プラハやブラチスラヴァから見る日本は、高度に繁栄した、夢の楽園に思える。豊かで、自由で、幸せで、楽しく、人が親切で、このうえなくすばらしい国である。

日本ではアルバイトしたお金でスロヴァキアの友だちと旅行をし、旧友との再会を果たしながら、秋にはじまるウィーンでの学生生活を心待ちにしていた。学生寮への申し込みもすませた。あとは大学から送られてくる入学許可書を待つばかりである。日本の滞在を終えた息子は、そのまま一足先にウィーンの学生寮に入った。ほどなく大学から郵便が届いた。意に反して、入学不許可の通知だった。申請に必要な書類が一枚、不足していたのである。外国人であれは必ず用意しなくてはいけないものだった。ぼくの危惧が現実になったわけである。幼いころから賢く立ち回り、なんでも無難にこなしてきた息子にとって、はじめての大きな挫折になった。これまで面倒な手続きはなんでもぼくがやってきたこともあり、そのほんとうのたいへんさや重要性を理解していなかったようだ。

学生の身分を失った息子は、就職でもしない限り、どこの国であれ長期滞在許可を取得できなくなってしまった。どうするつもりか黙って見守っていたら、なにも言わずに日本行きの片道航空券を買い、一人でまた旅立っていった。いったいどんな気持ちでいるのだろうと心配したが、飛行機を乗り換えるモスクワの空港から、意外にさっぱりした内容のメールが届いた。だからといって日本にどこか居場所があるわけでもなく、結局、寮を完備する自動車工場で期間工として働くことになった。ぼくが学生のときに工場で働いたのと、ちょうど同じ年齢だった。まったく同じことを親子で繰り返しているわけである。彼も自分を試す時期にきていた。

それでもそう簡単にはいかず、最初に面接した二つの会社は不採用になった。外国の高校を卒業しているのが理由だった。外国人が経営するなど、どちらも国際的なイメージが強いメーカーだけに、苦笑いさせられた。世の中なんて、いつだってそういうものなのである。こうした一つひとつが、彼にとって、外国の学校で学んだことに対する、日本という国からの洗礼になった。

それでも三社目の面接でなんとか採用された。やはり外国の学校で学んだことに、面接官は難色を示した。それでもやってみなさいと言われ、採用された。独身寮でひとり暮らしをはじめ、曲がりなりにも独り立ちを果たした。目の前にいるときはほとんど話もしなかった息子から、ちょくちょくメールが届く。仕事を通じて学ぶことが多く、労働の合間に考える時間もある。働いたあとのお酒はおいしいと、生意気を言うようにもなった。ぼくが日本に行ったときは、二人で飲み交わした。冬のあいだだけ働いて、春には大学の手続きにまた動き出すのかと思ったら、一年は働くと言い出した。そんな息子に、月に一度、好物のラーメンをあれこれ選んでは送った。声がけのつもりだった。

世間の人は「どこでもいいから大学に行かせたほうがいい」とか、「このままではフリーターだ」と心配して忠告してくれる。ぼく自身、のちのち後悔しないため、とりあえず大学には行っておいたほうがいいなどと、型にはめることをついまた言っている。息子は息子で、大学でなにを学ぶべきか、まだ答えを見つけられずにいた。勤めている自動車工場の正社員試験を受けてみるとか、やはり大学に進もうなどと言っては心が揺れている。こうして悩み考える日々が、息子にとってこれからを生きる出発点になっていくのだろう。

がんばらなくてもいい

息子が日本に行ってしまうと、家族のありようは大きく変わった。ぼくと妻と娘、三人での生活がはじまり、二〇年近くものあいだ四人が並んできた食卓からひとり減った。大食らいのいなくなることで、ご飯を炊く鍋が二回り小さくなった。自立する日を心待ちにしていたというのに、親なんて身勝手なもので、ぼくも妻も急に年を取ったように感じた。代わりというわけではないのだろうが、ある日、娘が学校から小さな白いハムスターを連れて帰ってきた。日本から連れてきた犬が死んで以来、久しぶりのペットだった。ハムスターが新しく家の中心になり、笑いを振りまいた。

勉強嫌いの娘は高校受験のとき、猛勉強を余儀なくされた。苦手の算数は、妻と一緒に勉強した。スロヴァキア語は学校の先生に個別指導してもらい、さらにはデッサンの教室に通った。学校見学をしたなかで、いちばん気に入った美術高校への進学を希望していたためである。先生に自分の描いた作品を見せたとき、「来ないか」と誘ってもらえたのがきっかけになった。自分の進路を意識する、はじめての瞬間だった。

髪の毛が抜け落ちてしまうくらい勉強したかいあって、希望校に合格した。わずか八人の狭き門だった。これまで通っていた進学校の高等部にも進級できる。美術学校に行くのは大学からでも遅くないので、いまから進路を狭めず、普通校に行ったほうがよいのではないかと、親としては思った。しかし、娘の選んだのは美術高校だった。反対はしなかった。

高校に通いはじめた娘は、これまでになく生き生きとしていた。個性豊かな同級生の中心的な存在となり、学校が楽しくて仕方がない様子だった。映画さながらの青春像を感じ、うらやましいほどである。帰宅しても夜遅くまで課題作品に取り組むなど、熱心に学んだ。ドイツの伝説的な工芸学校バウハウスの流れを汲むだけのことはある。この美術高校は職業訓練学校の位置づけで、最初の二年は基礎訓練をおこない、後半の二年は実際の仕事を通じ、経験を積みながら学ぶ。コンピューターの時代でありながら、きちんと技術を身につけるため、授業は手で描くことを軸に進められる。

高校を卒業して働くのか、大学に進むのかはまだわからない。働くといっても、需要の限られるスロヴァキアでデザインの仕事に就くのはむずかしいだろう。おそらくどこかちがう国で働くことになるはずだ。こうして子どもたちはひとつの方向に自ら歩みはじめ、ぼくら夫婦の子育てもこれで一段落だと感じた。

結婚して、子どもが生まれてからというもの、家族を守ろうと必死になってきた。その思いは自分が生きる、なによりの動機だった。自分のことなどさておいて、子育てをしてきた。子どもを守るためには、気の弱いぼくでも社会と戦おうとした。それが親というものだろう。しかし、子どもが大きくなり、手が離れていくにつれて、「がんばらなくてはいけない」との思いが、気づくと「そんなにがんばらなくてもいい」に変わっていた。そんな心の変化に、われながらずいぶん戸惑わされた。人格が変わったのではないかとさえ感じた。

子どもが成長するとは、家族がばらばらになることだった。みんながちがうほうを向くようになって、子どもが小さかった時分はにぎやかだった食卓に会話が途絶えた。家族を元通りに立て直したいと思って日本を離れたが、もちろんそれで子どもたちが幼いころに戻れるわけではない。結局なにがどうなるわけでもないまま、息子は家を出て、新しい生活を模索しはじめた。娘もあと何年かすれば、同じように家を出るだろう。

そうなってみてはじめて、これが自然なのだと思った。もしそれを止めれば、子どもの自立をはばんでしまう。ぼくだってそうやって大人になったのだ。夫婦はふたたび子どもが生まれる前の状態に戻り、子どもたちは別の新しい家族をつくる。遅かれ早かれぼくか、妻のどちらかが先に死んで一人になる。ほんの少し前まで死は遠い先にしか思えなかったが、いつ起きてもおかしくない現実になった。

こうした一つひとつがぼくにとって、五〇代になる意味だった。日本を離れたときはまだ四〇代前半だったが、なにをするでもなく、月日だけをいたずらに重ねていた。いつしか気力だけでは前に進めなくなっていた。最初はただ、どうしてこんなにお腹に力が入らないのだろうと思った。目の焦点が合わなくなり、周囲が暗く見えるなど、次々に身体が変調を来した。心と身体の変化を認めたくなくて、なにかのまちがいだと思おうとした。はじめて老いを意識した。日本を離れて外国で暮らそうと漠然と考えていたとき、「五〇代で移住するのは体力的にきびしい」と先輩が言ったのを思い出していた。

日本にいるとき、年をとるのはむずかしいことだと感じていた。三〇代のおわりには「年配者は使いにくい」と若い人に疎んじられた。どこにも自分の居場所を見出せず、老兵は消え去るのみだと何度も思った。年をとる意味がなかなか理解できず、受け入れることもできなかった。まだ若いつもりでいるのだから仕方ない。時代の流れがあまりに速すぎて、ついていけなくなっていた。ついていこうとすればするほど無理がでた。しまいには社会から押しだされ、あふれでてしまった。居場所を求めて日本を離れた。プラハにぼくの居場所はなかった。ブラチスラヴァではあえて探さなかったが、どうやらそんな居場所なんて、はじめからどこにもなかったのである。だからヨーロッパの人びとから、世の中、年をとっているほうがいいことはいくらでもあると言われ、新鮮に聞こえた。もしそうだとすればたしかに人生はとても豊かなものになるのだが、そんなふうに考える日本人に、これまで出会ったことがなかった。日本では多くの人が、若いうちから老いを怖れ、実際、年をとるのはむずかしかった。

いつまで外国での生活をつづけるのか、ことあるごとに考える。日本の友人からも「いつ帰ってくるのか」と聞かれる。子育てが一段落したいま、それはどこで老いるかを選ぶことでもある。年を取ったら温暖な海辺の小さな街でのんびり暮らしたいと思いつつ、それが日本でなければいけない理由をなにひとつ見つけられないでいる。帰るとはいってもすでに日本に生活基盤はなく、祖国ではあっても、たくさんある選択肢のひとつでしかない。それでいて、親の介護で遅かれ早かれ日本に帰ることになるのも、はじめからわかっているのである。

自分の足で立つ

いつまで経っても生活は安定せず、日々の暮らしに追われた。仕事がなく、遊んでいるわけではない。朝早くから夜遅くまで、それこそ身を粉にして働いてきた。そろそろ少しは楽になってもよさそうなものだが、がくん、がくんと状況は悪くなるばかりだった。このままではほんとうに生活が立ちゆかなくなる。国が衰退するとはこういうことなのかと、身につまされた。ありとあらゆる手を尽くし、どんなにあがいても、どうにもならないのである。

自営の宿命とはいえ、仕事のありようはめまぐるしく変わった。せっかく新しい仕事を見つけても、たいていは単発で終わった。仕事が終われば、新しい仕事先を探す。延々とその繰り返しである。仕事がつづいたとしても、単価が半分になり、さもなければ毎月あった仕事が二カ月に一度になった。どちらにしても収入が半減するのに変わりはない。倍働かなければ、同じ収入を維持できないということでもある。こうした状況は零細な出版業界に限った問題かと思っていたが、どの業界でも似たようなことが起きていた。安定していると思える職業も例外ではない。どの会社も経営体力が落ちていた。日本を代表する企業でさえ苦しんでいる。悪循環が渦巻きとなってつづいていた。

インターネットの可能性も探ってきた。これまでにない世界がはじまるとばかり期待した。しかし、これがまた底なし沼のようだった。仕事の基本が無償なのである。たとえば、一週間はかかる仕事を、一万円で依頼された。経費に一万円はかかるので、やはり差し引きゼロになる。それでいて仕事の契約書には四〇〇〇円という高額な収入印紙が貼られていた。よくよく読めば、すべては会社に都合のよいことが書いてある。利用者にとっては無料で見られるものだから、こういう発想になるのだろうか。たしかにぼく自身、インターネットの情報を自由に使っている。お互いさまといえば、そうかもしれなかった。

無償の仕事を受けるべきかどうか、ずいぶん迷った。そもそもそれを仕事というのか、わからない。ぼくはタダ働きでも、会社は利益を得ているのだから、社会奉仕ともいえない。仕事の本質を問われている気がしてならなかった。お金を稼ぐのが仕事の意味なのか。稼いだ金額が、仕事への評価なのか。そもそも仕事とはなんなのか。禅問答のように考えが頭を駆け巡る。そして、たとえ無償ではあっても、人はお金のためだけに働くのではないと自分に言い聞かせ、報酬の出る仕事と同じ気持ちで取り組んだ。

学ぶことが少しでもあればよかった。これまでにない新しい考え方やものの見方がきっとあるはずだ。新しい技術がもたらす、未来への淡い夢もあった。しかし、ただ未熟で、ずるがしこいだけだった。それが日本にいるとき、あれだけ賢く感じられたいまの時代の実像に思えてきた。いくらよい仕事をしたつもりでも、あふれんばかりの情報の一断片にしかならず、むなしさばかりが募っていく。インターネットに活路を見出すのはもうやめにしたかった。

仕事のあり方に疑問を呈すると、やりたい人はほかにいくらでもいると言われた。自分にしかできないことをしているなんて、とんだ思い上がりである。たしかにぼくがやめても、すぐにほかの人がその無償の仕事を引き継いだ。世の中、いったいどうなっているのか、よくわからない。こんなことでは、吸い取られる一方で、消耗するばかりだ。

収入が減っても、物価は上がりつづけた。「にわとりの健康のために」などという名目で、卵の値段が突然、倍になったこともある。それでは人間の健康に悪いではないかとスロヴァキアの人びとは力なく笑った。いたずらに上下を繰り返す為替も、生活に影を落としていた。円高円安とはいっても、単に前日に比べて高いか安いかであって、なにか明確な基準があるわけではない。それでいて世界中の通貨が絡み合うようにして、複雑に変動する為替につられ、ただやみくもに社会が世界規模で振り回されている。

生活実感としては一ユーロ一〇〇円程度だった。だから為替がいくらであっても、一ユーロ一〇〇円のつもりで暮らした。それがぼくにとっての基準だった。そうしなければ、日々の暮らしに神経をすり減らし、疲れてしまう。しかし、いくらそれがぼくの基準だとはいえ、実際には一ユーロ一五〇円であれば、自ずと五〇円の赤字になる。それが積もり積もってふくらんでいく。為替の変動だけでわずかな貯金は見る見るうちに目減りしていった。増えることがあってもおかしくないのだが、不思議とそれはなかった。お金にもてあそばれていた。事実、世間には為替を投機の対象にしてお金をもてあそぶ人がたくさんいる。そんなことをして疑問に感じないなんて、世も末である。一割前後の上下ならまだしも、四割五割と変動するのでは、そんなものはもはや貨幣ではない。

事業に成功したわけでも、株式をうまく運用しているわけでもない。資産があるわけでもない。悠々自適の生活にはほど遠く、その日暮らしをつづけている。せめてもの防衛策として、お金のかからない生活を心がけてきた。少しでも物価の安い国に住むのは策のひとつである。物価の高いスロヴァキアを離れ、どこかもっと安い国に移ろうかと考えることもある。とにかくものはできるだけ買わず、もっているものを大切に、長く使おうとした。だからといって質の悪いものにはチェコで懲りていた。なにかを買うときはしっかりとした、いいものを選んだ。それがヨーロッパに根づく、昔ながらの質実剛健な暮らしなのかもしれない。

それでも決して悪いことばかりではなかった。一度にできたわけではないにしても、やりたいと思っていたことを一つひとつかたちにしてきた。なにもないところから、手探りで生み出したことばかりである。仕事を実現するため、力を貸してくれる人や、見守ってくれる人が少しずつ増えた。日本を離れてからの出会いが中心になっていた。いつしか「年配者は使いにくい」などと言われなくなっていた。

日本にいるときは、正式に受注してからはじめて仕事に取り組んだ。仕事の効率を追求し、無駄がでないようにした。やりたくない仕事も引き受けた。やりたい仕事でも、依頼がなければ諦めた。仕事とはそういうものであり、それが当然だと思っていた。割のよい仕事を優先し、お金にならない仕事は後回しにした。そうやって少しでもお金になることを考え、収入を増やしてきた。目をかけてくれる先輩にそんな姿勢をたしなめられても、聞こえないふりをした。家族のためには仕方がないと言い訳した。

日本を離れることで、仕事に対する考えを抜本的に変えなくてはならなかった。黙っていてはほんとうにまったく仕事がない。頼まれるのは、無償の仕事ばかりである。きびしい状況のなか、自分の足で立つような仕事ができないものかと模索した。それでいて、それがどういうことか、いつまでたってもわからない。たとえば仕事先の会社のためではなく、自分を軸に仕事をすることだと考えてみた。好きなことだけやるのもいい。なんとか仕事をつくりだしては、一つひとつ、ていねいに取り組んだ。効率はいっさい考えなかった。納得するまでやろうとした。そうしなければ乗り越えられそうにない。

追い詰められながらも、自分を追い込んでいくことで、ぼくにとって自分の足で立つ仕事とはこういうことではないかと思えることがいつしか実現できていた。お金のためではなく、評価のためでも、地位のためでもなく、ただ自分のために働く幸せを見出していた。たとえ報酬が少なくても、なんの虚飾もない、尊い稼ぎで、ありがたいものだった。仕事とは事に仕えることであって、人に仕えることでも、お金に仕えることでもない。言葉に宿る先人の戒めを、身に染みて理解した。

人それぞれに

日本を離れる前に感じていた世界と、離れたあとに感じている世界とでは、まったくの別物だった。しかも、時を重ねるごと、世界はさらにちがって見えてきた。いろんなことが少しずつ、しかしときとして大きく変わっていった。家族のこと、仕事のこと、自分のこと、社会のことなど、ありとあらゆるものが思ってもいない姿に変貌を遂げていった。焦燥に駆られたり、物欲にとらわれたり、暴力的な衝動にさいなまれるということがなくなった。年齢的なものもあるのだろうが、ごつごつしていた世界が、柔らかく、たいらになっていた。

一年目はまだ日本にいるのとなんら変わらなかった。なんでもできる気がして、なんでもやろうとした。三年経ってもあまり変わらなかった。それでも日本で感じていたこだわりが薄れ、余計なものをそぎ落としていく感覚があった。五年目にぼくは国替えをした。小さな問題がいくつも積み重なり、大きな問題となっていた。国を替えて第三の目をもつことで、なんとか乗り切った。それは外国での生活をつづけていくうえで欠かせない、とても大切な感覚なのだと、あとになって気づいた。

自分なりに考えていることを曲がりなりにも外国で実現するには、なんだかんだと一〇年はかかるのかもしれない。世の中が少しはわかってきて、人脈も広がる。経験を積み、考えを深めていく。そのときようやくほんとうの意味での出発点に立てている気がする。よほど才能や運に恵まれない限り、他国で一人前になるには、生まれたばかりの赤ん坊が小学校を卒業するくらいの月日がどうしてもかかるのだろう。

そういえば、さんざんいやがらせをしてきたストーカーは、ブラチスラヴァに暮らしはじめて三年がすぎたころ、「少しは賢かったようだな」と書き込んだのを最後に、姿を消した。ずいぶん苦しめられたが、世界はぼくの味方などと、ついつい調子に乗ったり、すぐに熱くなってしまうことへの歯止めにもなっていた。日本をよく知る彼はあえてぼくを攻撃することで、逆に支えてくれていたのかもしれない。

ぼくばかりではない。同じころに外国生活をはじめ、知り合った人たちを見ていても、同じようにいくつもの曲折を経て、変化をしながら成長しているのがわかる。そのせいか、移住の初期に知り合って親しくなり、いまも海外で暮らしている日本人には特別な思い入れがある。友情を超えた深い心のつながりを感じている。

こうした人たちとは、なにかあればお互いすぐに助け合おうとした。かといってべたべたするのではなく、いつも一定の距離を保った。メールで連絡し合っても、会うのは一年に一度あるかどうかだったりする。それでも関係が切れることはなかった。老若男女関係なく、人と人として向き合ってきた。ほんとうの友だちなのだろう。

そのなかのひとり、ある女性との出会いは、とくに印象深いものがある。プラハでの生活をはじめて半年あまりが経ち、地方の街で仕事したときのことだった。まだ仕事の進め方に慣れていなくて、おっかなびっくり、手探りで取り組んでいた。右も左もわからず、心の余裕などまったくないなか、彼女に出会った。

声をかけてきたのは彼女のほうだった。「日本の方ですか」と、か細い声でぼくに尋ねたのである。そうだと答えると、目をうるうるさせながら、安堵の表情を浮かべた。三〇代前半の女性だった。話し方から関西方面の出身なのはすぐにわかった。日本人と会う機会がなかったからと、涙の訳を話した。ちょっとしたホームシックにかかっている様子だった。

彼女もちょうどぼくらと同じころ、チェコで暮らしはじめた。いちど旅行で訪れ、住みやすそうだと気に入った。地方の街を選んだのは、授業料の安い語学学校があるからだった。日本では一〇年近く公務員として働いた。話しぶりからして、とても優秀だったはずだ。安定した仕事をやめてまで、チェコでの生活をはじめた大胆さに目を見張った。定年退職していく先輩たちの姿に自分を重ね、人生を変えたいと思って決断したのだという。

チェコのガラス工房で働きたいと思っているのだが、どこかあてがあるわけではなく、そもそもこの街に彼女が希望するような工房があるかもわからない。ぼくに勝るとも劣らず、行き当たりばったりだった。話を聞いているうちに、長期滞在許可の取得方法を調べていたとき、同じように悩み、インターネットに書き込みをしていたひとりが彼女だと気がついた。

以来、その街に行くたび、彼女に会い、食事をし、仕事を手伝ってもらった。ほかの国で落ち合うこともあった。よく気が利き、仕事がはかどった。毎日のように連絡し合いながら、年甲斐もなく、彼女に会える日を心待ちにした。ぼくとの仕事を通じて念願の工房を見つけ、見習いのかたちで働きだした。勉強するにはうってつけの環境だった。

工房に通いながら、週に何日かは日系企業でも仕事をした。生活費のためである。どちらかというとおとなしく、積極的な性格ではなかった。それでいて頑固と感じるほど、強い意志をもっている。ちょっとした出会いを活かしながら、彼女はうまい具合に自分の人生を変えていった。

さらにチェコ人の恋人ができ、交際を重ねながら結婚する決意を固めていく。なにを考えているのかわかりにくい日本人男性より、チェコ人のほうがわかりやすくていいと感じたそうである。

しかし、彼女の両親は外国人との結婚に反対だった。何度も話し合い、二人で日本まで出向いて説得したが、なかなか首を縦に振ってくれない。娘の将来を案じたのだろう。それでも最後は結婚を認め、日本とチェコで親族だけのささやかな披露宴を開いた。外国人警察に届けを出したときには、顔なじみの警察官から、「ここに残ることに決めたのね」としみじみ言われたのだそうだ。長期滞在許可の問題で何度もやり合ってきた相手だった。

ぼくがチェコを離れ、スロヴァキアでの生活をはじめてちょうど一年が過ぎたころ、彼女は一人目の子どもを授かる。妻と二人でお祝いに出かけた。目のくりくりした男の子を甲斐甲斐しく世話する彼女がいた。はじめて会ったときに感じた危うさはもうどこにもない。まったく縁のない街に日本から移り住んだ彼女は母となり、大地に根を下ろしていた。

ほかにも、子どもたちの家庭教師を探していたときに知り合った日本人学生は、チェコ人と結婚し、プラハで暮らしている。ぼくらの住んでいた村の祭りに遊びに来た日系企業の現地職員は、オランダ人と結婚した。立派なマンションを手に入れ、少しずつ改装している。プラハに行くときは、ちょくちょく彼女のところに泊めてもらっている。近所に住んでいた留学生は、望み通り、オーケストラの仕事をチェコで見つけた。

みんな女性ばかりである。日本に未来を感じられない女性が本能的に外国で生きる道を選び、子孫を残そうとしているのではないかと感じることもある。女性に比べると男性はどこか頭でっかちで、印象が薄く、知り合ってもその多くはいつのまにか街を去っていた。

幸せのありか

ていねいに生きたいと思っていた。別にむずかしいことでもなんでもない。かつて日本人の暮らしのなかに、たしかにあったはずの生き方である。

朝起きておはようといい、布団をたたみ、ご飯を家族一緒に食べ、玄関を掃いて水を打ち、隣人に挨拶をして、新聞を読み、行事を大切にし、一生懸命仕事をして、子どもたちを慈しみ、妻と仲よくし、祖先を敬い、親しい友と語り合い、ぐっすりと眠る。そんなあたりまえに思えることが、時間に追われ、人に追われ、生活に追われ、仕事に追われ、子育てに追われ、流行に追われ、いまの日本ではなかなかできずにいた。

ほんの少しだけ立ち止まり、じっくり考え、日々を見つめ直し、深呼吸したいと思っても、休むことができず、考えることもできず、息さえうまくできないまま、ひたすら走りつづけなければならなかった。だれも、なにも、待ってはくれない。そして、世の中のさまざまなものごとが省略されて単純になり、都合よくまとめられていくなかで、ほんとうの意味がなんだったのか、よくわからなくなっていた。人が生きる意味さえ、そうだった。なんのために生きているのかと改めて考えてみても、なにも思い浮かばないのである。

ていねいに生きることは、外国で生活するにあたっての基本としてきた。そうでなければ、なんの意味もない。しかし、それはほんの少し勇気のいることだった。立ち止まれば、取り残されてしまう。

日本を離れてからというもの、孤立無援という言葉が、頭にこびりついて離れなかった。自分のことをもっとわかってもらおうと、多くの人とやりとりを重ねた。どん底から逃れようとして、人に救いを求めた。だれかとつながっていたいと、日本にいるときよりも強く願った。毎日のようにだれかとメールのやりとりをしたり、チャットをした。オンラインゲームで遊びながら、知らない人とまでつながろうとした。自己弁護と言われようがかまわない。ひとりよがりでもいい。自分の話を聞いて欲しかった。人の意見が聞きたかった。できたら認めてもらいたい。肯定してもらいたい。そのためなら、否定されてもかまわない。

思えばほんの小さな子どものころから、協調性を身につける訓練を施されてきた。いつも団体行動をしなくてはいけなかった。遠足や運動会で同じ班になる人がいない。下校のとき、一緒に帰る人がいない。それだけで先生は大騒ぎだった。ぼくはただ一人で帰りたいだけだった。一人で山を登りたいだけだった。しかし、許されなかった。おまえには友だちがいないのかと先生に叱られ、そんなことで殴られた。友だちになってあげてもいい、グループに入れてあげてもいいと、親しくもない子に言われた。それを甘んじて受けなければ、教室に居場所はなくなる。そんな友だちなんてみんなその場限りだった。ひとりでいることを怖れる心が、小さな子どもの奥深いところに刻み込まれていった。

高校生になると、一人でいてもなにも言われなくなった。集団からはずれても、大目に見られた。社会に近づきつつある一方で、なにかが猶予されていた。考える自由も、選択する自由もあった。自分の好きな道を進める。ただなにもできず、なにも認められないだけだった。学生は学生でしかない。それなのに社会人になった途端、文字通り社会の人として、社会の一員であることが求められた。仕事でも、隣近所のつきあいでも、一歩、家の外を出れば、常に社会人としての自覚をもって行動しなくてはならなくなった。自立し、常識をわきまえた人間として、なにか少しでも欠けた部分があれば、容赦なく咎められる。それは社会人なら当然、甘受すべき制裁とみなされた。

しかし、社会人としての年月を重ねていくうち、次第に何者でもない自分を意識するようになった。世間的に見ればひとりの立派な大人であるにもかかわらず、自分の足で歩きたいと強く願った。自立しているはずなのに、自立していない自分にいらだった。考えれば考えるほど、なにもかもが空っぽなのである。しっかり考えてきたつもりでも、考える力をなにかに吸い取られるばかりで、これまで結局なにも考えていなかった。そのことに気づいてしまい、自分は何者でもないのだと自覚した。無を目の前に、それでも屈服しきれないなにかを感じた。

日本を離れた当初、息苦しい日本から逃げ出してきた亡命者であるとの意識がぼくにはあった。

言葉のもつ重みに比べ、その意味は曖昧で、なにをしようとしているのか、自分でもわからなかった。ただどうしようもない孤独に悩まされた。どこか社会と結びつくことのできる居場所を探した。しかし、外国人として外国での生活をつづけているなかで、孤立はあたりまえであり、人が生きていくなによりの前提なのだと考えはじめた。すると、人とつながっていなくても気にならず、つながりの時代でありながら、つながりに負担を覚えた。

それは社会人という言葉の呪縛から解き放たれることだったのかもしれない。ぼくはスロヴァキアに住む市民ではあっても、社会人だとの意識はない。社会人として振る舞ってまで、自分に嘘をつきつづける理由はここにはなかった。社会人とは、日本にしか存在しない特別な言葉であり、概念だったのである。日本人とかかわるときだけ、嘘の自分として、器用に社会人のふりをすればいい。日本にまだ住んでいたころ、あれほど日本人をやめたいと思ったのは、社会人という言葉を強いられることへの、どうしようもない嫌悪感だったようだ。

自分が日本人であるとは思えても、スロヴァキアに住む一市民であるとは思えても、日本の国民だとの意識はぼくにはとても希薄なものになっている。この街の住人として、なにかに頼ることなく、自分の足で立ち、歩こうとしている。それが外国人として生きることであり、世界で日本人として生きることなのである。子どものころから考えさせられてきた民主主義という言葉にしても、ほんとうはそういうことなのではないのか、と思った。なにかに依存している限り、民主主義はただの幻影でしかない。それは与えられるものではなく、一人ひとりが自らの心の内に築きあげるものなのである。これからの新しい世界は、その地平に立ち現れるだろう。

日本を離れてからというもの、身の回りのごく小さな世界でさえ、すさまじい勢いで変わっていった。ほんとうにいろんなことがあった。いいことより悪いことのほうが多かった。仕事相手の会社がいくつも倒産した。リストラされる人がいれば、見切りをつけて転職する人が相次いだ。病気をしたり、亡くなったり、殺された人がいる。ホームレスになった人もいる。罪をおかした人がいる。大きな事件の渦中に巻き込まれた人もいる。心を病んだ人が少なくない。家が火事になった人がいる。離婚した人がいれば、自殺した人もいる。だれが見ても豊かで幸せそうな人が、実はこのうえなく不幸だったと知り、驚いたりもした。

リセットの仕方はちがっても、リセットを余儀なくされる状況はだれしもよく似ていた。人知れずに多くの人がますます追い詰められていた。その一方で、結婚したり、昇進したり、家を建てたり、子どもが生まれたり、いくつもの幸せがあった。おいしいものを食べに行ったり、旅行に行って、日々を楽しく過ごすことに幸せを見出す人もいる。悲しいこと、さみしいことに比べ、あたりまえすぎて、取るに足らないかもしれない。しかし、そんな小さな幸せこそ、かけがえのないものに思える。

妻と出会って家族をつくってから、これまでほんとうにいろいろなことがあった。きっとうまくいくと言って一緒になったものの、すべてがうまくいっているとは言いがたい。大通り沿いの隠れ家に住みながら、相変わらず生活に追われている。仕事をめぐる状況は悪くなるばかりだ。子育てにはなにかと苦労した。なんとかしようと外国で暮らしはじめたが、別に状況が変わったわけでも、なにかを成し遂げたわけでもない。子どものころから何者かになろうとしてきたけれども、何者でもない自分に気づくばかりだ。空回りしてばかりで、ただ生きながらえている。そこまでして生きることに、なんの意味があるのかと何度も思った。端から見たら、人生の敗残者でしかないだろう。

それでも、ぼくも妻も幸せを感じている。日々を大切に、ていねいに生きようとしている。なんの不平も不満もない。人のことも気にならない。子どもたちはまっすぐに育ってくれた。毎日、質素ながらもおいしい食事を食べている。庭には野鳥がたくさん遊びに来て、毎朝、きれいな声で鳴いている。何者でもないかもしれないけれども、ぼくは妻の夫であり、二人の子どもの父である。そのほかにいったいなにを望むというのだろう。それこそが幸せではないのか。生きながらえることこそ、生きる意味であり、目的なのである。それ以上でも、それ以下でもない。未来はそこにこそ輝くのだ。日本を離れ、外国で外国人として生きることで、ようやくそんな簡単で、あたりまえのことにぼくは気がついた。それがぼくのリアルだった。

村の草原に立つ娘
Praha-západ, Czech Republic

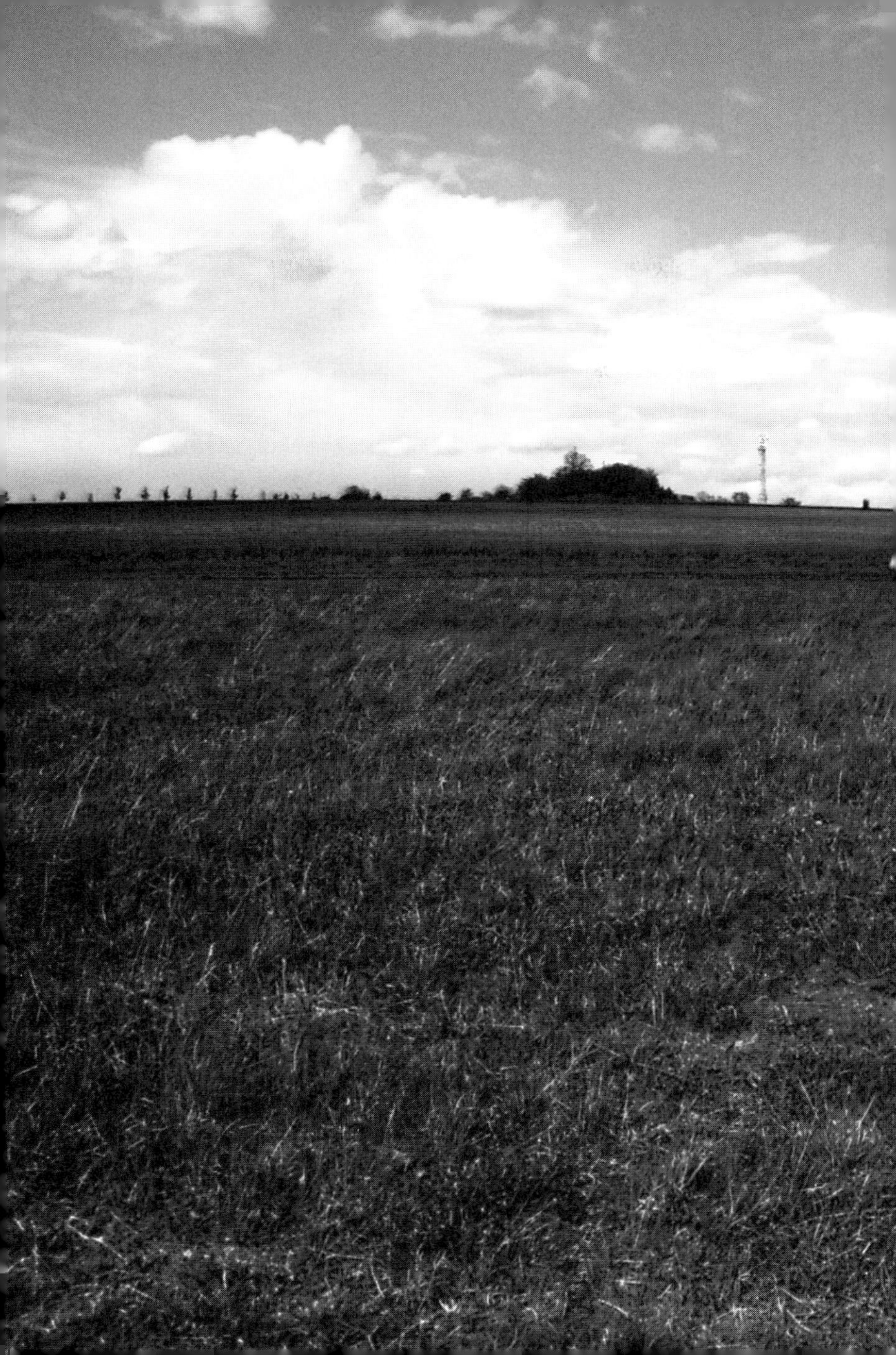

エピローグ——ここではない、どこかへ

移民の街にて

地下鉄「美しい街（ベルヴィル）」駅を降りると、交差点のあたりには中国人がたむろして、身動きが取れないほどだった。一張羅を着込み、髪型を決めた男たちがたたずみ、楽しそうに談笑している。通り沿いの店には「髪型屋」「点心店」「金行」など、日本人なら意味のとれそうな漢字の看板が所狭しと並ぶ。点心の店に入ってビールを頼むと、出てきたのは青島啤酒《チンタオビール》だった。店員はぼくを一瞥し、当然のように中国語で話しかけてくる。通じないとみると、少し怪訝な表情を浮かべた。中国語とフランス語の併記されたメニューに載った、たくさんの料理を見ながら、どれにしようかさんざん迷った。手で合図をして店の人を呼ぶと、「サイエ？（決まった？）」と

今度は元気にフランス語で応じた。

店は満席で、ずいぶんにぎわっている。隣では中東系の家族が、その隣ではフランス人のカップルが食事している。奥の大きな丸テーブルでは中国人が宴会をしていて、笑い声が上がっている。どうやら親族の集まりらしい。中国の長い箸は日本人には少し使いにくいものだが、どの席の客も上手に使っている。だれも箸を使うのを珍しがらないし、器用に操る人を目にしたところで、使うのがうまいなんて言う人もいない。ラーメンのつもりで注文した手打ち麺はうどんだった。肉まんは油で揚げたもので、ともに期待していた料理とはだいぶちがったが、おもしろい味がした。食べながら、いったいここはどこなのだろうと、何度もあたりを見回した。未来の世界に紛れ込んできたのかと思ったのである。

満腹になって店を出て、街をぶらぶら散策した。アフリカ人の店やアラブ人の店、インド人の店などが軒を連ねる。アラブ人の店でココナッツ菓子を買い、歩きながら頬ばった。なんともエキゾチックな甘味が口いっぱいに広がる。アフリカ人の八百屋で立派な山芋が山積みになっているのを見つけた。夜はとろろご飯にしようかなどと、献立があれこれ頭に浮かぶ。中国人の豆腐屋もおいしそうだ。一丁、買って、冷や奴をおかずにするのもいい。集会場の前には大きな黒い帽子をかぶったユダヤ人が集まっている。

路地に入ると、どの家の壁もひどく落書きされていた。窓ガラスの割られた部屋もある。いったいなにがあったのだろうと思っているうちに、ガラの悪い男たちに囲まれていた。細身の中年男がなにかまくし立てている。何語かはよくわからない。でたらめなフランス語に聞こえた。近くにいいレストランがあると言いたいらしい。気を取られているすきに、若い男がぼくのポケットに手を伸ばし、財布をすりとろうとしている。よくある手口だ。その手をつかんだ瞬間、男たちは散り散りになった。勝負はさしあたりぼくに分があったようで、スリは未遂に終わった。路地を出た角に喫茶店があった。テラス席にはフランス人に混じり、中国人やアフリカ人が腰掛け、気持ちよさそうに日射しを浴びている。

ベルヴィルはパリの北側にある実在の街である。映画の場面でも、空想の街でもない。「美しい街」という名とは裏腹の移民街には、混沌とした空気が満ちあふれる。それは世界中の人たちが生きようとあがく、一触即発の力強いエネルギーだ。

多くの移民がフランスに集まる理由のひとつに、飢えへの恐怖がある。農業大国であるフランスは食料の自給率が高く、食品が安定的に手に入る。たしかに大型スーパーなどを覗くと、非常に豊富な食材が並ぶ。人件費の高さから、総菜やレストランは高くつくが、素材はそれほどでもなく、どれも新鮮でおいしい。みんな飢えないためにフランスにやってくるのだ。なんとも切実な理由だが、それだけ多くの人びとが世界の行く末に、いま漠然とした不安を抱いている。移民したものの、フランスの文化や習慣、また国のありようになじめず、行き場もなく、居場所もなく、衝突が相次ぐ。

ベルヴィルと同じく、生のエネルギーに満ちた近未来的な都市像を、日本でもかつて感じたことがある。一九九〇年代はじめ、多くのイラン人が東京の上野公園などに集まっていた。建築現場などで働くイラン人が情報を求め、公園にたむろしたのである。何百、何千のイラン人が集まる光景は圧巻だった。イラクとの戦争が終わってイランの経済状態が悪かったこと、日本がバブル景気に沸いていたこと、そして相互協定によりビザがなくても入国できたことなどが背景にはあった。

公園には小さな露天商がいくつも出ていた。イラン人相手のイラン人の店である。髪を切る人などもいて、楽しげに、お互いを助け合っている。日本でありながら日本ではないようだった。日本が好きだという人が多く、また日本のことをみんなよく知っていた。日本人の多くが国名のよく似たイランとイラクの区別がつかないのとは対照的だった。経済状態のよい国に働きに行くのはあたりまえとの感覚を、日本に来たイラン人は共通してもっていた。日本人は彼らを無視するわりには、「イラン人はいらん」などと下手な冗談を言っていじめた。

地下鉄上野駅の連絡通路で出会ったイラン人が口にした言葉を、いまも忘れられない。それまで静かに日本での体験を語っていた男が突然神妙な顔をして、「イラン人、肝っ玉ある」と日本語で叫び、握りしめた拳でお腹のあたりをどんどん叩いてみせたのである。ほとんど日本語のできない彼が、肝っ玉などという、日本人も普段の生活ではまず使わない言葉を知っているのがおかしかった。先に来ていたイラン人に教えられたと言っていた。故郷から遠く離れ、見知らぬ国でひとり働く心情を、この言葉に託して受け継いでいた。

あるときを境にイラン人は忽然と姿を消し、あれだけにぎわっていた公園が閑散とした。公園にはイランの公用語であるペルシア語で「立ち入り禁止」と張り出された。なかには悪さをする人もいて、排斥ムードが高まっていた。いつしか街角でイラン人をあまり見かけなくなり、そしてその存在は忘れられていった。肝っ玉男をはじめ、一人ひとりのイラン人がいるにもかかわらず、いつもただ「イラン人」とひとつにくくられた。そして、多くの人はビザの更新ができずに帰国し、そのまま留まれば不法滞在として強制送還された。相互協定が解除されてビザなし渡航ができなくなり、日本に来るのもむずかしくなった。

日本には異物を排除する根深い土壌がある。排除することで、先祖代々の田畑を受け継ぎ、さらには日本という国を守ろうとしてきた、歴史的な背景もある。江戸時代には三〇〇年にわたって鎖国を敷き、外国との行き来を制限した。共同体を維持するためには、村八分を厭わなかった。それは決して過去のことではなく、今日もなお脈々とつづいている。日本人の根元にあるもの、といっていいだろう。いじめの温床でもある。なにかと感情的になり、きちんとした議論にならない気質がそれに加わる。

だからこそイラン人は公園からいなくなった。ちがうものへの偏見や恐怖から、周辺住民や公園利用者が不満を抱き、排除させたのである。それとよく似た憎悪が、在日韓国・朝鮮人の街や、在日米軍基地にも、日系人にも、また同じ日本人に対しても向けられる。考え方や振る舞い、容姿、思想や宗教など、少しでもなにかちがうところがあれば排除の理由になる。似ていれば似ているで、ちがうところを見つけようとする。集団で、寄ってたかって異物を取り除こうとすることもある。日本人ならだれしも心覚えがあるだろう。とはいえ、排除の心性は世界中、どこにでもある。

ベルヴィルには、世界中から移民が集まる。このような場所で、異なるものを怖れ、異物を排除してきた日本人が同じ移民として生きられるのだろうか。島国で生まれ育った日本人が外国に移民するとは、いったいどういうことだろう。それは日本人にとって、答えのない、永遠の問いなのかもしれない。そこには日本人と、日本の社会が抱える、ありとあらゆる問題の根源が秘められている。

移民の夢と現実

ワイキキビーチからさほど遠くないホノルルの町中に、ハワイ日本文化センターはある。併設の博物館では常設展示「おかげさまで」を見ることができる。ハワイの日系人の歩んだ歴史が概観できる展示で、入口に並ぶ石柱がとりわけ印象深い。その一本一本には、「孝行」「恩」「我慢」「頑張り」「仕方がない」「感謝」「忠義」「責任」「恥・誇り」「名誉」「義理」「犠牲」という言葉が刻まれている。言葉の墓にも見える。

なにも知らない外国の地に移り住むとは、辛酸をなめることにほかならなかった。その象徴がこうした言葉であるにちがいない。とくに「仕方がない」は、なんでも受け入れざるを得ない外国人のありようを、端的に表現している。どんな理不尽なことも飲み込まなくてはならないのである。その意味で「仕方がない」とは、移民した先人から後世の移民への託言に思える。ぼく自身がひとりの移民になってからというもの、これらの言葉を思い出してはその意味を繰り返し考えてきた。

ハワイへの移民の歴史は、一八六八（明治元）年にはじまる。一五〇人あまりが横浜から船で渡り、現地のサトウキビ農場で働いた。おもに浪人や町人だった。明治になったとはいえ、人びとの意識も習俗もまだ江戸時代と変わりはなかった。ほかにもドイツやノルウェーなどからの移民がハワイにはいた。今日豊かだといわれる国々も当時は貧しく、少しでも豊かな生活を求めて人びとは移民した。

いま移民というと、なにか突拍子もないことに聞こえる。日本は世界でも有数の豊かな国であり、日本から出て行く理由はなにひとつないと、多くの人は思うだろう。むしろ移民にきてもらう立場であり、少子高齢化対策の一環として、移民を積極的に受け入れようとの構想がある。その一方で、六〇〇〇万人から七〇〇〇万人とも言われる日本の適正人口を実現するため、日本からの移民が推奨される可能性が今後あるかもしれない。格差社会の現出はその兆しである。「海外就職」が喧伝されても、なぜか移民という言葉を避けているのは興味深い。

少なくともぼくの祖父の時代まで、移民は日本人にとってごく身近にある可能性のひとつだった。父方の祖父は移民したわけではないが、駐在武官としてアメリカに赴任していた。当時、日本からの移民の中心地だったブラジルにも出かけたとの記録が残る。きっと祖父は移民した日本人となんらかの接点があったはずだ。戦争がはじまる前の話である。母方の祖父もまた、海を渡った。京都で料理屋を営んでいた祖父が一旗揚げようと店をたたみ、満州で食品を軍に納める商いをしたのである。

日本では明治以降、移民を国策として推し進めてきた。人口が多いわりには国土が狭く、しかも山がちで、耕作地が少ないことから、労働力はだぶついていた。経済不況や、農作地での冷害のたびに、失業者がさらにあふれた。その行き先を海外に求めたのである。国の政策を、民間の移民会社が後押しした。

最初はハワイだった。それからアメリカ本土、ブラジルをはじめとする南米、フィリピン、そして満州などが加わる。戦前、一八六八年から一九四一（昭和一六）年までの移民数は七七万六〇〇〇人で、このうちハワイが二三万人、ブラジルが一八万九〇〇〇人、アメリカが一〇万七〇〇〇人だった（小学館『日本大百科全書』、「移民」の項より）。この移民の数は資料によって差があり、ほんとうのところはわからない。

今日に比べてはるかに情報が少なかった当時、移民先がどういう国なのか、よく知らないで渡った人がほとんどだったはずだ。語学学校などであらかじめ移住先の言葉をしっかり身につけた人など、まずいなかっただろう。それなのに移民を望む人はあとを絶たなかった。それは国や移民会社の巧みな宣伝があったからにちがいない。「さあ行こう、一家をあげて南米へ」と誘い、満州は王道楽土と詠われた。日本とは比べものにならない広大な農地が手に入り、お金がたくさん稼げるなど、バラ色の移民生活を人びとは思い描いた。軽い出稼ぎのつもりの人も多かった。国を信じていたのである。

移民しようなどと意を決するからには、一人ひとりになにか逼迫した状況があったはずだ。飢餓や貧困という現実を前に、日本にいても仕方がない、このままでは明日はないと、縁もゆかりもない外国にかすかな希望を見出していた。逃げ出すしか、なかったのだろう。ものすごい冒険心と開拓精神である。しかし、多くの移民を待ち受けていたのは過酷な現実だった。朝から晩まで奴隷のように働かされる人がいた。約束の賃金がもらえず、安くこき使われる人がいた。ひどい差別を受ける人がいた。粗末な家をあてがわれる人がいた。移動の自由を奪われる人がいた。

夢に見た未来はそう簡単には手にできず、途中で諦めたり、逃げ出す人が相次いだ。募集条件は簡単に反故にされた。国も平気で嘘をついた。移民は自らを棄民と自嘲するしかなかった。楽園なんてどこにもなかったのである。

それでも荒れた大地を耕して農地に変え、新しい土地に根づく努力を重ねた人びとがいた。少しずつ土地を買い集めて農園を開いたり、蓄えた財産で商売をはじめる人がいた。成功した人もいれば、失敗した人も、とくになにもできずにいた人もいた。成功と一口にいっても、もともと才覚があった人もいれば、運のよかった人や出会いに恵まれた人、あるいは他人を踏みにじって伸し上がった人もいるだろう。七七万六〇〇〇人の移民がいたなら、七七万六〇〇〇通りの人生があり、物語があったのである。

稼いではお金を日本に送り、子どもの養育費に充てた人もいる。そうやって養われた子どもたちのなかから、日本社会の担い手となっていく人も出てきた。移民が外から日本の発展を支えたのである。日本とアメリカが戦争をはじめることで、アメリカの日系移民は自らのアイデンティティを問われた。アメリカ軍の兵士となり、日本と戦うのを選んだ人が大勢いた。それを拒否して強制収容所に送られる人もいた。国とはなにか、国民とはなにか、移民とはなにかが問われる、究極の選択だった。

満州への移民は、満州国の樹立した一九三二年にはじまった。三六年には二〇カ年一〇〇万戸移民計画が発表され、本格化する。国土の狭い日本ではできない「夢の国」をつくろうとしたのである。それから戦争が終わる四五年までに三二万人が移民した。戦争の激化で、計画通りにはならなかった。敗戦によって移民を待ち受けていたのは残酷な運命だった。財産を奪われ、殺され、強姦され、あるいは帰国の途上で病死した人がたくさんいた。

軍人や役人がいち早く逃げながら、移民の多くは棄民されて犠牲となり、ふたたび日本に帰り着けたのは一一万人だった。そして、敗戦の現実を前に忍びがたきを忍び、一から出直すしかなかったのである。日本はアメリカに戦争で負けた。しかし、それ以上に日本は日本に負けたように感じる。それが国というものであり、戦争の本質ではないか。

ぼくの母も満州からの引き揚げ者のひとりである。母が途中で死んでいたら、ぼくはこの世に生まれてこなかったわけである。その意味ではぼく自身もまた物語のつづきなのだ。幼かった母には中国の人にとてもよくしてもらったとの記憶しか残っていない。しかし、それは祖父が万策を尽くし、家族を無事、日本に連れて帰ろうとしたからにほかならないだろう。それはとても恵まれたケースだった。

終戦によりふたたび移民する人が出てきた。日本はまだ貧しく、ブラジルに移民する人が多かった。すでにブラジルに渡った人たちが受け皿となった。日本人同士で助け合う一方で、足を引っ張り合った。二度と日本人の世話にはならないと思う人が少なくなかった。華僑のような団結力は、日本人のあいだにはなかなか生まれなかった。

炭鉱労働者の移民をブラジルまで追って取材した作家の上野英信さんは、旧移民は新移民に対して、「俺たちより苦労しろ」「日の出から日没まで働け」「食糧に文句をいうな」「寝る所に文句をいうな」「労働賃金に文句をいうな」「外国人よりも余分に働け」と要求したと記録している（『出ニッポン記』社会思想社、一九九五年）。今日にも通じる、外国に住む日本人の考え方の一端が見えてくる。だからこそ「日本人には気をつけろ」という言葉が語り継がれているのだ。それもまた「仕方がない」ことなのかもしれない。

高度経済成長を迎え、日本が豊かになるにつれ、移民する人の数は急激に減っていく。移民はいつしか過去のものとなり、歴史の一コマになった。閉山により炭鉱を追われた人たちが、最後の移民の一翼を担っていた。一九九〇年代に入ると、今度はブラジルに渡った日系人が仕事を求め、日本に来た。出稼ぎが目的だった。日本での仕事が安定すると、定住を望む人も出てきた。それは世代を超えた再移住になる。日系ブラジル人は勤勉で、貴重な労働力だと注目された。しかし、不況になるとまっ先に解雇され、行き場を失った。雇う側にしてみれば、いくらでもすげ替えのきく、単なる安価な労働力にすぎなかった。

日系人はあくまで日系人で、日本人ではないと、ここでもまた異物を排除する機制が働き、日系人というカテゴリーでくくろうとする。しかし、彼らは、ブラジルでも日系人という外国人なのである。ブラジルにはそんな日系ブラジル人が一五〇万人いるといわれる。日系アメリカ人一二〇万人などと合わせ、日系人は社会のさまざまな分野で活躍している。それはほんとうにすごいことだ。

震災後の新たな移民像

二〇一一年三月一一日、東北・関東地方を地震が襲い、津波が太平洋沿岸の浦々を飲み込んだ。そのとき福島の原子力発電所が爆発し、メルトダウンした。いったいなにが起きているのか、来る日も来る日もニュースに釘づけになった。何度も訪れた街が壊滅するなんて、とても信じられなかった。震えが止まらなかった。声にならない叫びが、何度も身体を突き抜けていく。人びとの安否が気になった。

状況を知ろうとすればするほど、わからなくなった。なにが正しくて、なにが正しくないのかさえ、よくわからない。なによりも、それが怖ろしかった。すべては「想定外」で、「ただちに影響はない」ものとされた。信じていたものが、信じようとしていたものが、そして疑っていたものが、すべてさらけ出されていた。普段はうまい具合に隠され、見ようにも見えないものだった。力をもつ人たちは失態を隠そうとして体裁を取り繕ったが、驚くほどに無力だった。いちばん上に立つ者でさえ、なにも知らない。なにもできない。ただうろたえるだけなのである。見てはいけないものを見ている気がした。頭が変になりそうだった。状況が不透明だった震災から一カ月のあいだは、とくにそんな混沌とした、ぶざまな状況がつづいた。日本で起きていることなのに、海外メディアのほうが状況を正確に報道している印象もあった。

日本にいたら危険だ、すぐに逃げ出すべきだ、そう思った。震災は日本人がひさしく忘れていた移民の可能性を示していた。実際、どこか遠くに避難したり、海外に逃れる人も出てきた。たびかさなる余震や放射能への恐怖、国やメディアへの不信が背景にはあった。すべてが疑わしかった。なにを信じればよいのかわからない。だれも助けてはくれない。自分でなんとかしなくてはいけない。自分を守れるのは自分しかいない。みんな必死だった。

しかし、ほとんどの人はどこにも避難しなかった。仕事もあれば、家庭もある。経済的な余裕があるわけでもない。ローンを残した家もある。外国に行くにも言葉の壁がある。どうすれば移り住めるのかわからない。そもそも外国へ行くなんて思いもつかない。避難するといっても、行き場もなければ、居場所もなかった。不安を覚えながらも、家に留まるしかないのである。避難した人には、バッシングが起きた。気にしすぎだと笑われた。変わり者扱いされた。避難するにも周囲に気づかれないように、こっそり出ていき、ひっそり暮らすしかなかった。非常時でさえ、人びとは異物を排除しようとした。

世界中の人たちが被災者に対し、多額の義援金を送った。移民の可能性を示唆する国もあった。

被害はそれほど大きく世界に伝わり、深刻に受け止められていた。地震発生の一週間後には、ロシア大統領が被災者をシベリアや極東に受け入れ、仕事を斡旋すると発表した（二〇一一年三月二〇日、AFP）。後日、ロシア外務省に確認したところ、そのような事実はないと否定したが、ロシアは隣国であり、避難先になる可能性を改めて考えさせられた。海に囲まれた日本には、どうも隣国意識の希薄なところがある。

インターネットには、避難民を受け入れようとする人びとの掲示板が立ち上がった。日本国内ばかりではなく、世界中の人びとが続々と名乗りを上げた。主要都市ばかりか、あまり知られていない小さな街や村もある。まさに地球規模での広がりだった。「使っていないアパートがあるので、落ち着くまで好きなだけ滞在してください。もちろん無料です」という具合に、受け入れ可能な人数や条件、間取り、可能な日数など細かな情報が記されていた。食事を提供すると申し出る人もいた。世界中の人びとが、なにか自分のできることをやろうとしていた。

地震から一カ月が経ったころ、イタリアがより具体的な内容をともなう、「日本のためのイタリアの友人」と名づけた援助計画を発表する。「福島原子力発電所における放射性物質漏えいの被害地域に住む母子を対象として、イタリアでの滞在を希望される場合に六カ月間の滞在を提供することを目的」とするものだった。

受け入れ期間は半年と限定的だが、まさに地球規模での避難計画である。半年もあれば、長期滞在許可などの手続き、住居の契約、仕事探し、学校との交渉などをして、そのまま住みつづける足がかりとなるだろう。それは世界の移民史上、画期的なことに思えた。

実際には期間は最長三カ月に短縮された。観光目的の日本人であれば、長期滞在許可がなくても、イタリアに滞在できる日数である。また、集団避難を推奨するものではなく、あくまで個人や家族単位での募集であることが確認された。そのうえで、イタリアまでの往復航空券のほか、ホテルでの滞在費や食費が無償提供された。必要な経費はイタリア企業から拠出された一〇万ユーロが原資となり、政府観光局や航空会社、ホテル協会などが協賛した。

呼びかけに対し、七〇家族一九六人の応募があった。このなかから、原発三〇キロ圏内に家があり、避難生活を余儀なくされている一五家族三九人が選ばれた。一五家族の親は全員、海外旅行の経験があり、半数はイタリアに行ったことがあった。三カ月間滞在したのは二家族で、残りの家族は二〇一一年の夏休みの二～三週間だった。滞在中は観光や海水浴を楽しんだり、現地のイタリア人と交流したりして過ごしたという。

イタリアのプロジェクトは実際には観光に留まり、だれかがそれで移民したわけではない。また、多くの国の人が名乗りを上げた避難民の受け入れに、どれくらいの人が反応したのかもわからない。ほとんどなかったのではないかと推測される。ヨーロッパにあるいくつかの街で、避難してきた日本人がいるとの噂を聞いたが、真偽のほどはわからない。海外に避難するにしても、見ず知らずの人の家に身を寄せるより、ホテルや知人宅で過ごすのをまずは選ぶだろう。

しかし、震災をきっかけに、日本国内での移住や、海外への移民は確実に増えている。ぼくの周囲だけでも何人かいるほどである。放射能の問題がもちろんあるが、動機はもっと深いところにある。日本という国に絶望したのだ。

日本の社会は大きく変わらなければいけないと、震災を契機に多くの人が思った。原子力や放射能の問題も、根元には社会の欠陥がある。こうしたさまざまな問題に気づいていながら、見て見ぬふりをしてきたと一人ひとりが認めることで、自分自身が突きつけられることになった。人びとはできるだけのことをやろうと助け合い、新しい国や社会のありようを考えた。そこにはほんとうの民主主義の姿が見え隠れしていた。

なにもむずかしいことではない。自分のできることは自分でやり、弱いものを助け、そのために必要なことはきちんとみんなで面と向かって話し合い、一人ひとりの意見を出しあえる社会である。壊滅的な被害を前にしても、手をとり合って生き延びようとした人びとの姿を目の当たりにして、これからの日本を見据え、しっかり考えるよい契機となるはずだった。しかし、社会はなにも変わらなかった。まともな話し合いなんてなにひとつできないまま、意見が紛糾しながらも、単に賛成か反対かにわけられ、本質的なことはまったく見えてこなかった。問題はなにも解決していないにもかかわらず、国は収束を一方的に宣言し、また撤回した。そんなことの繰り返しだった。

こうして幾重もの論理のすり替えを巧みに重ねながら、社会はいつのまにか、もとあった世界へと引き戻されていった。だれがなんのためにそんなことをするのかはよくわからない。気づくと日本を変えようなんて表だって言う人はいなくなり、原発や放射能のことを口にするのがはばかられる空気が形成されていた。右傾化がさらに強まり、ナショナリズムが鎌首をもたげた。失態を隠すかのように、国の権力がいびつなかたちで強められた。あれほどの震災もいつしか過去のものとなり、ただ被災した人と被災していない人にわかれていた。それはとても怖ろしいことである。津波被災地にはいつしか大きな防潮堤ができあがっていた。

変化が必要な時代に、なにも変わろうとしない社会にも、変われない自分にも希望を見出せなくなった人が、ふと思い直し、ここではない、どこかを求め、勤めている会社をやめ、家を処分して、移住する。行き先はこれまでの移民のように「豊かな国」ばかりではない。「新しい人生を生きたい」とあえて紛争地を選ぶ人もいまの世界にはいる。社会が変わらない以上、自分を変えるしかないのだ。そして、自分を変えることではじめて社会が変わることに気づく。社会とは他者ではなく、自分そのものなのである。自分がしっかりしなくては、なにもはじまらない。なにかに依存せず、自分の足で立ち、歩こうと覚悟して移民する。震災の示した新しい移民のありようがそこにはある。

あとがき

言葉の動物である人間は、言葉に縛られながら生きている。とくに日本語には、短い言葉で人の思考や行動を制する表現が怖いほど豊かだ。「バカ」「アホ」「間抜け」「KY」「うざい」「自己中」「自己責任」。一片の言葉がある日突然、特別な意味をもちはじめることもある。「未曾有」「絆」「節電」「テロ」。言葉が編み出されては、伝言ゲームとなって人びとの心に地雷を仕掛けていく。言葉を流布するのはメディアの役割である。SNSなどによる口コミの力も大きい。

子どもから大人まで、わずか一言が心に突き刺さり、金縛りにあう。なんでもない言葉が魔法の呪文となり、自殺に追い詰めることさえある。言葉は国を治め、社会を維持し、時代をつくりだす。人は言葉に支配され、言葉は人を制御する。「右」か「左」かと単純に線引きし、「売国奴」「反日」とレッテルを貼る。広告コピーは消費者を暗示にかけては悩ませる。買わせてしまえば暗示は解け、喜びのあとには後悔が待ち受けている。

振り返れば、言葉のもつ意味が強まったのは、言葉狩りなんてものがはじまったころからだった。一九九〇年前後、それは少しずつはじまった。子どもに親しまれた童話が世の中から消え、作家が断筆宣言した。言葉の言い換えが規定され、いくつもの言葉が使えなくなった。パソコンで文字を打とうとしても、漢字に変換されないことから、「使えない言葉」だと知る。話す言葉にも、書く言葉にも、気を配った。言葉がひとつ、またひとつ取り上げられるたび、世の中は息苦しくなっていった。言葉を避けるように、絵文字が広まった。

「棄国」とは「棄民」の反対語である。言葉として「棄民」はあるが、「棄国」は日本語の正しい言い回しではない。「棄民」は移民した人たちが、過酷な現実を前に、自らをそう呼んだのにはじまる。「国を信じるな」との思いを、恨みと諦めを込めて言葉にした。不思議なことに、血のつながる親子や愛し合う者でさえ、人は人を疑うというのに、国や国民であることだけは信じて疑おうとしない。そんなことをしたら、アイデンティティーが否定されると思い込んでいる。

でも、ほんとうにそうなのだろうか。社会がきちんと機能していれば暮らしは成り立つ。そのために必要な仕組みや枠組みが国というわけでは、いまはもうなくなってきている。日本ばかりではない。世界中、どこも同じだ。国とはちがう、もっと別のシステムを人びとは求めはじめている。大きな地震はその理由を見事なまでに露わにし、剝き出しにした。国の枠を超えたヴァーチャルな世界にも、いま人びとは日常的に触れている。

しかし、国は手ごわい。そうはさせまいと、躍起になっている。だから、国に棄てられる前に、国を棄ててしまう。実際に棄てるのでもいいし、意識のうえで棄て去るのでもかまわない。3・

11の衝撃から書きはじめたこの本は、そうするとどうなるかをめぐる、さえない中年オヤジとその家族の物語である。二〇一〇年、二人の子どもの成長ぶりについて書いた『プラハのシュタイナー学校』（白水社）の続編にあたる（教育面については同書を参照してほしい）。ルポルタージュでもあるし、フィクションでもある。

何冊か、先人の書いた興味深い本を紹介したい。日本を離れることを考えはじめたなら、常に立ち戻る原点となるだろう。

まずは大杉栄さんが一九二三年に発表した『日本脱出記』（土曜社、二〇一一年）。「どこをどうしてだか知らないが、とにかくパリに着いた」と自由奔放に棄国の日々を綴る。九〇年近く前に書かれた本とは感じさせないほど、生々しいところがおもしろい。大杉さんは日本に強制送還されてほどなく関東大震災に遭い、混乱のさなか、憲兵に捕らえられ、殺害された。事件の首謀者のひとりである甘粕正彦さんはその後、満州で重要な役割を担うことになる。

上野英信さんの『出ニッポン記』（社会思想社、一九九五年）は一九七七年に発表された。上野さんは自ら炭鉱で働きながら、炭鉱夫の現実を追った著作で名高い。本書ではエネルギー政策の変換で閉山が相次ぐなか、居場所を求めて移民を選んだ人びとのその後の生きざまを追っている。炭鉱夫の姿は今日の非正規労働者に通じる。格差や不平等は例外ではなく、資本主義社会の前提なのである。かたちが変わっただけで、問題はなにひとつ解決してはいない。

杉本良夫さんの『日本人をやめる方法』（筑摩書房、一九九三年）は、一九六七年にアメリカに渡り、さらにその六年後、オーストラリアに移り住んだ元新聞記者で、大学教員になった方の体験にもとづく論考である。日本を離れた年にはぼくとおよそ四〇年の開きがあるが、考えたり、感じたことには、驚くほど共通点が多い。「日本人の世界についての意識地図は、アメリカ向きにゆがんでいる」との指摘をはじめ、実に示唆に富む。

＊　＊　＊

この本は、大学で教わった塚原史先生から、日本を離れたあとで図書新聞の須藤巧さんに引き合わされ、彼に新評論の吉住亜矢さんを紹介されることで生まれた。装訂をお願いした立花文穂さんとは、チェコの美術館での仕事を通じて知り合った。日本から外に飛び出さなければ生まれなかった出会いである。そして、支えてくれたみなさんに感謝したい。

二〇一五年二月　ブラチスラヴァにて

増田幸弘

余白に

日本に帰ったある日のこと、「こんなものが出てきた」と言って、母が一葉の古い写真を差しだした。一組の家族が写っていた。前列に立ってほほえむ少女に見覚えがある。どうやら母らしい。いまも面影がある。ほかの少女は三人いる母の姉だ。とすると、男の人は母の父親、つまりぼくのおじいさんで、真ん中に座るのがおばあさん。二人の少年が、おじさんと呼び親しんできた人になる。

少女のころの母をはじめて見た。半袖のワンピースを着ているから、きっと夏の暑い盛りだろう。写真を撮ったのは、住んでいた家なのか、それとも写真館か。明るいところで複写していたら、涙があふれてきた。母が満州にいたときに撮った家族写真だと気づいたからである。

移民したとは聞いていたが、どんな暮らしぶりだったのか、ずっと気になっていた。だから、穏やかな日々をうかがい知ることができ、ぼくはうれしかったのだ。そんなひとつの家族の幸せを奪い、ぶちこわしたのが戦争だった。

吉之助という古風な名前の祖父は、ぼくが生まれてほどなくして亡くなった。祖父は赤ん坊のぼくを抱いたと、母はぼくに何度も言い聞かせた。写真でしか知らない祖父に会って、いちどゆっくり話したい。そして、むかしのことを尋ねながら、いまの世界はどうですかと問うてみよう。

著者紹介

増田幸弘（ますだ・ゆきひろ）

フリー編集者・記者。1963年東京生まれ，早稲田大学第一文学部卒業。スロヴァキアを拠点に，日本とヨーロッパを行き来して取材をおこなう。おもな著書に『プラハのシュタイナー学校』（白水社，2010年），『ザルツブルクとチロル　アルプスの山と街を歩く』（ダイヤモンド社，2013年），『プラハ　カフカの生きた街』（パルコ出版，1993年）などがある。

棄国《きこく》ノススメ

2015年3月11日　　初版第1刷発行

著　者　増　田　幸　弘

発行者　武　市　一　幸

発行所　株式会社　新　評　論

〒169-0051　東京都新宿区西早稲田3-16-28
http://www.shinhyoron.co.jp

電話　03（3202）7391
FAX　03（3202）5832
振替　00160-1-113487

定価はカバーに表示してあります
落丁・乱丁本はお取り替えします

装訂　立花文穂
印刷　シナノ書籍印刷
製本　中永製本所

ISBN978-4-7948-0997-1
Printed in Japan

好評既刊

川畑嘉文

フォトジャーナリストが見た世界

地を這うのが仕事

世界各地の戦争・災害被災地で暮らす人々の素顔を綴る珠玉のドキュメンタリー。

［四六並製　256 頁　2200 円　ISBN978-4-7948-0976-6］

R.ブレット＆M.マカリン編／渡井理佳子訳

世界の子ども兵 ［新装版］

見えない子どもたち

26か国に及ぶ現地調査を通じて子どもたちの現状を伝え，解決への方途を提示。

［A5 並製　300 頁　3200 円　ISBN978-4-7948-0794-6］

奥野孝晴・椎野信雄編

私たちの国際学の「学び」

大切なのは「正しい答え」ではない

従来の国際学のありようを問い直し，若い読者とともに新たな学びの世界を拓く。

［四六並製　260 頁　1800 円　ISBN978-4-7948-0999-5］

ちだい

食べる？　食品セシウム測定データ 745

人気ブログ『チダイズム』管理人が贈る，決定版・食品汚染状況データブック。

［B5 変型　224 頁　1300 円　ISBN978-4-7948-0944-5］

ミカエル・フェリエ／義江真木子訳

フクシマ・ノート

忘れない、災禍の物語

自然と文明，人間の生とは。震災後を生きたあるフランス人文学者の魂の手記。

［四六並製　308 頁　1900 円　ISBN978-4-7948-0950-6］

栗原　康

学生に賃金を

日本の学費・奨学金制度の不備を明示しつつ，「無償の大学」への夢を謳う。

［四六上製　248 頁　2000 円　ISBN978-4-7948-0995-7］

【表示価格：税抜本体価】